历史穿越报
清朝 卷

彭凡 著

化学工业出版社
·北京·

图书在版编目（CIP）数据

历史穿越报.清朝卷/彭凡著.—北京：化学工业出版社，2018.10（2023.11重印）
ISBN 978-7-122-32896-0

Ⅰ.①历… Ⅱ.①彭… Ⅲ.①中国历史-清代-青少年读物 Ⅳ.①K209

中国版本图书馆CIP数据核字（2018）第196581号

责任编辑：刘亚琦　丁尚林　　　　　装帧设计：尹琳琳
责任校对：宋　夏

出版发行：化学工业出版社（北京市东城区青年湖南街13号　邮政编码100011）
印　　装：天津图文方嘉印刷有限公司
710mm×1000mm　1/16　印张13¼　2023年11月北京第1版第10次印刷

购书咨询：010-64518888　　售后服务：010-64518899
网　　址：http://www.cip.com.cn

凡购买本书，如有缺损质量问题，本社销售中心负责调换。

定　　价：39.80元　　　　　　　　　　　　　　　版权所有　违者必究

清朝帝王世系表

年号	庙号	姓名	在位时间
天命	清太祖	爱新觉罗·努尔哈赤	1616—1626 年
天聪，崇德	清太宗	爱新觉罗·皇太极	1627—1643 年
顺治	清世祖	爱新觉罗·福临	1644—1661 年
康熙	清圣祖	爱新觉罗·玄烨（yè）	1662—1722 年
雍正	清世宗	爱新觉罗·胤禛（yìn zhēn）	1723—1735 年
乾隆	清高宗	爱新觉罗·弘历	1736—1796 年
嘉庆	清仁宗	爱新觉罗·颙琰（yóng yǎn）	1796—1820 年
道光	清宣宗	爱新觉罗·旻（mín）宁	1821—1850 年
咸丰	清文宗	爱新觉罗·奕詝（zhǔ）	1851—1861 年
同治	清穆宗	爱新觉罗·载淳	1862—1674 年
光绪	清德宗	爱新觉罗·载湉（tián）	1875—1908 年
宣统	—	爱新觉罗·溥仪	1909—1911 年

清朝卷

前言

　　一般的历史书，记录的都是过去的回忆。但是，我相信，人们更想亲自回到古代，看看古人的真实生活、历史的真实面貌。

　　如果回到过去，你会发现，那时的土地，就像现在的房子一样金贵；那时的人们渴望飞上蓝天，就像我们今天渴望到达宇宙边缘一样执着；那时的人们发明火药、指南针，就像现在我们发明了电脑一样伟大……

　　那时虽然没有电视，没有网络，但也有数不完、道不尽的新闻。那时的人和现在的我们一样，也要学习、工作和娱乐，也会七嘴八舌地讨论当时最流行的话题，疯狂地崇拜明星。

　　例如，当花木兰从战场上回来后，女扮男装成了一种时尚；

　　当岳飞被秦桧害死后，老百姓一边痛骂秦桧，一边怀疑岳飞的真正死因；

　　当朱元璋从一个放牛娃变成皇帝后，全天下的放牛娃都受到了鼓舞；

　　……

　　现在，你是不是迫不及待地想回到古代，在第一时间了解这些新闻呢？别急，我们已经派人穿越到过去，将你想知道的事情一一记录下来，刊登在《历史穿越报》上啦。

　　为了方便大家阅读，我们将《历史穿越报》做成了合订本，一共

10本,每本12期,分别介绍了从夏朝到清朝十个阶段的历史。

我们的记者队伍非常庞大,他们分布在全国各地,将自己身边发生的新鲜事儿记录下来,寄到我们的编辑部。在这些记者中,有人喜欢记录重大事件,我们将这些稿件放在《天下风云》栏目;还有人喜欢搜集趣闻八卦,我们将这些稿件放在《八卦驿站》栏目。

《历史穿越报》还有一批非常勤奋的通讯员,每天穿梭在各大茶馆。不过,他们可不是去喝茶的哦,而是为了搜集百姓的心声,然后刊登在《百姓茶馆》栏目中。

我们还有一位大嘴记者,专门负责采访当时最杰出,或者最有争议的人物。他是一个非常大胆的家伙,就算是皇帝,他也要刁难一下,大人物对他的采访既期待又害怕。

此外,编辑们还选出了一部分读者来信和广告,刊登在报纸上。

总之,每一期报纸,既有精彩好看的新闻报道,另类幽默的名人访谈,又有轻松搞笑的卡通漫画,五花八门的宣传广告……翻开这本书,就如同亲身穿越神秘的上下五千年。

希望大家在读完这份报纸后,能更真切地了解中国五千年的历史,并能从中习得经验和教训,获得知识、勇气和快乐,让我们的穿越工夫没有白费。

目 录

第❶期　满族建立大清朝

【烽火快报】13副铠甲，建立了一个新政权 …………………………………… 13
【绝密档案】努尔哈赤的坎坷过往 …………………………………………… 14
【天下风云】萨尔浒之战：大金与明朝的拐点→努尔哈赤栽了一个大跟头→劝
　　　　　　降洪承畴→给庄妃的一封回信 …………………………………… 16
【八卦驿站】脚底长了七颗痣 ………………………………………………… 23
【名人有约】特约嘉宾：爱新觉罗·皇太极 …………………………………… 24
【广　告　铺】火葬士兵公告→禁止伤害乌鸦→禁烟令 ……………………… 26

第❷期　清军入关

【烽火快报】京城7个月历经三任皇帝 ………………………………………… 28
【天下风云】扬州十日，惨绝人寰的大屠杀→要头发还是要脑袋→14岁的少年
　　　　　　天子 ………………………………………………………………… 30
【新闻广场】八旗大军打进关 ………………………………………………… 35
【八卦驿站】令人哭笑不得的金圣叹 ………………………………………… 37
【名人有约】特约嘉宾：爱新觉罗·福临 ……………………………………… 38
【广　告　铺】诚招翻译→宫女招聘启事 ……………………………………… 41

第❸期 康熙皇帝显神威（一）

【烽火快报】 郑成功收复台湾 ·· 43
【天下风云】 《明史》案引发文字狱→给鳌拜的一封回信→"朱三太子"造
反→康熙平定三藩→施琅收复台湾→雅克萨大捷 ·············· 44
【八卦驿站】 康熙皇帝赶驴 ·· 56
【名人有约】 特约嘉宾：爱新觉罗·玄烨 ·· 57
【广 告 铺】 《聊斋志异》即将问世→秋后处决张氏→布告 ···················· 59
【智者为王】 智者第1关 ·· 60

第❹期 康熙皇帝显神威（二）

【烽火快报】 康熙皇帝将亲征噶尔丹 ·· 62
【天下风云】 康熙皇帝三征噶尔丹→一个外国人的忏悔→盛世滋丁，永不加
赋→九子夺嫡 ·· 63
【八卦驿站】 不跪皇帝跪县官 ·· 72
【名人有约】 特约嘉宾：爱新觉罗·胤礽 ·· 74
【广 告 铺】 裁缝铺开张→政府公告→苏州织造局，专为贵人服务 ········ 76

第❺期　劳模皇帝雍正

- 【烽火快报】皇位到底传给了谁 … 78
- 【天下风云】胤禛为什么能当上皇帝→只可信一半→雍正一朝无贪官→勤奋的皇帝→耸人听闻的吕留良案→"酷吏"田文镜 … 79
- 【八卦驿站】敢跟上司作对的李卫 … 90
- 【名人有约】特约嘉宾：爱新觉罗·胤禛 … 91
- 【广 告 铺】特招令→废除腰斩→解除南洋海禁 … 93

第❻期　乾隆盛世

- 【烽火快报】雍正死得真奇怪 … 95
- 【天下风云】回到太阳升起的地方去→皇帝南巡，臣民遭殃→"中国皇后"要跟中国人做生意→英使来朝，碰了一鼻子灰→乾隆皇帝自封"十全老人" … 96
- 【新闻广场】多情石头结奇缘，落魄公子魂归天 … 104
- 【八卦驿站】"浒（hǔ）"为什么又念浒（xǔ）→纪晓岚智解老头子→和珅——天下第一大贪官 … 105
- 【名人有约】特约嘉宾：和珅 … 109
- 【广 告 铺】请求书→《四库全书》编修通告→千叟宴举办通知 … 112
- 【智者为王】智者第2关 … 113

第❼期 平庸无能的嘉庆皇帝

【烽火快报】 和珅死在大牢里 ………………………………………… 115
【绝密档案】 乾隆皇帝主动退位,却不愿意交出玉玺 ………………… 116
【天下风云】 给一个死囚犯的回信→又一个贪官被砍头→天理教攻进了皇宫,
是树木惹的祸→英国使者再次碰壁 ……………………… 119
【新闻广场】 《渊深海阔》哪里去了 …………………………………… 123
【八卦驿站】 不扇扇子的嘉庆皇帝 ……………………………………… 124
【名人有约】 特约嘉宾:爱新觉罗·颙琰 ……………………………… 125
【广 告 铺】 寻物启事→招抚起义军→求购三合院 ……………… 127

第❽期 第一次鸦片战争

【烽火快报】 嘉庆皇帝突然驾崩 ………………………………………… 129
【天下风云】 该向皇帝要赏赐吗→英国向中国开战了→林则徐虎门销烟好威
风→一次杀人事件引起一场鸦片战争 …………………… 130
【八卦驿站】 皇后大寿,一人一碗打卤面→不花钱的补丁 ………… 138
【名人有约】 特约嘉宾:林则徐 ………………………………………… 141
【广 告 铺】 洋行招工→转送京巴狗→诏令 ……………………… 143

第❾期 太平天国起义和第二次鸦片战争

【烽火快报】多亏有个"好"老师 ································· 145
【天下风云】洪秀全造反了→天下无湘不成军→给翼王石达开的一封回信→第二次鸦片战争爆发→清政府到底有没有签《瑷珲条约》→"万园之园"被烧的全过程 ································· 146
【新闻广场】到底哪种钱才能花 ································· 153
【八卦驿站】清朝出了个"四无皇帝" ································· 154
【名人有约】特约嘉宾：洪秀全 ································· 156
【广 告 铺】内务府采购招标→私塾招生→有偿求助 ································· 158
【智者为王】智者第3关 ································· 159

第❿期 慈禧太后和洋务运动

【烽火快报】叔嫂联手，带来了一个女人专权的时代 ································· 161
【天下风云】学生也要花钱"买"→忠孝礼义能救国吗→师夷长技以自强→胜利换来如此条约 ································· 162
【八卦驿站】"中国通"的电报机 ································· 171
【名人有约】特约嘉宾：奕䜣 ································· 172
【广 告 铺】求职→照相馆开业→重金招聘造船工 ································· 174

第⑪期　慈禧太后专权下的腐败统治

| 【烽火快报】《马关条约》——前所未有的耻辱 176
| 【绝密档案】回顾甲午中日战争的全过程→慈禧太后和日本天皇 177
| 【天下风云】只持续103天的戊戌变法→慈禧太后招安义和团，八国联军打进北京→珍妃到底是怎么死的 180
| 【八卦驿站】中国人与狗不得入内 187
| 【名人有约】特约嘉宾：康有为 189
| 【广　告　铺】房屋出售→寻奇花异草→招兵买马 191

第⑫期　辛亥革命，革掉了清王朝的命

| 【烽火快报】大清朝真的快完了吗？ 193
| 【绝密档案】中国同盟会成立了→革命就是要流血→秋风秋雨愁煞人 194
| 【天下风云】辛亥革命革掉了清王朝的命→给袁世凯的一封回信 200
| 【八卦驿站】一句诅咒让清朝灭亡 205
| 【名人有约】特约嘉宾：孙中山 207
| 【广　告　铺】中华民国人民一律平等→禁军编入民国陆军→皇宫不准招太监 209
| 【智者为王】智者第4关 210
| 【智者为王答案】 211

第 ① 期

〖公元 1616 年—公元 1636 年〗

满族建立大清朝

穿越必读 ▶

公元 1616 年，努尔哈赤统一女真族，建立后金政权。公元 1636 年，清太宗皇太极将国号"大金"改为"清"，清朝正式建立。

13副铠甲，建立了一个新政权
——来自赫图阿拉的加密快报

有人凭着13副铠甲，就建立了一个政权，你相信吗？没错，这个传奇人物就是女真族的英雄努尔哈赤！

当年，女真族各个部落之间矛盾不断。驻守东北地区的明朝总兵李成梁，千方百计地激化他们的矛盾。哪个部落强大了，他就唆使别的部落去攻打它，以削弱女真族各部的实力，加强明朝的统治。努尔哈赤的祖父和父亲就是在这样的混战中被明军杀害了。

努尔哈赤想替亲人报仇，却知道自己不是明军的对手。而他又不愿女真族各部世世代代总是这样争斗，于是，他从家里找出父亲留下来的13副铠甲，经过三十多年的战争，杀了仇人，统一了大大小小的大部分女真族部落。

公元1616年，努尔哈赤在赫图阿拉称汗，建立了一个新的政权，国号为"大金"（史称后金）。

来自赫图阿拉的加密快报！

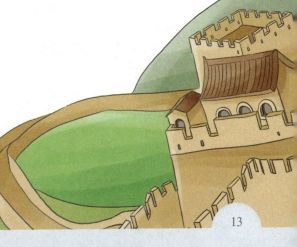

努尔哈赤的坎坷过往

女真族原是我国东北地区的一个古老民族,在15世纪,女真族分为三大部:建州女真、海西女真和野人女真。而后金的建立者努尔哈赤,就出身于建州女真的一个贵族家庭。

努尔哈赤从小喜欢骑马射箭,练就了一身好本领。不幸的是,10岁那年,努尔哈赤的母亲去世了,继母对他又打又骂,还总是在他和父亲之间挑拨离间。努尔哈赤不堪忍受,就离开家,投奔了外公王杲(gǎo)。

王杲是一个势力较大的部落酋长,为人桀骜(jié ào)不驯,因起兵反抗明朝,后被朝廷所杀。在那场战争中,努尔哈赤也被明军捉住。好在明辽东总兵李成梁见努尔哈赤长得乖巧可爱,就把他留下来伺候自己。

就这样过了几年,突然有一天晚上,努尔哈赤听说李成梁要杀他,吓得连夜骑着一匹大青马,带着一只大黄狗逃跑了。

据说,努尔哈赤逃了整整一夜,正打算休息时,突然听到后面杀声震天,原来是明军追过来了。努尔哈赤骑马飞奔,可追兵越来越近,突然一支箭飞过来,把大青马射死了。

努尔哈赤伤心地说:"马儿啊!马儿!如果有一天我取得天下,一定不会忘记你

'大青'（相传清朝的国号就是这么来的）。"

没了大青马，努尔哈赤只好徒步奔逃。可两条腿哪里跑得过四条腿，眼看就要被追上了，努尔哈赤急中生智，一头扎进河边的芦苇中。由于太过疲惫，他沉沉地睡了过去。明军找不到努尔哈赤，就放了一把火，把整片芦苇都点燃了。

这时，大黄狗见努尔哈赤依然沉睡不醒，也弄不醒他，只好跳进水中，再跑回努尔哈赤身边打滚儿，把芦苇浸湿。就这样反反复复，大黄狗竟然累死了。努尔哈赤醒来后，悲伤地抚摸着大黄狗的尸体，发誓从今以后，再也不吃狗肉。

后来，努尔哈赤一路逃到了长白山。在那里，他和伙伴们打猎，挖人参，采蘑菇，然后拿到抚顺去卖，换些吃的、穿的回来。在抚顺，努尔哈赤认识了很多汉族人，大开眼界，学到了不少汉族文化。他还特别喜欢读《三国演义》《水浒传》等小说。

当祖父和父亲被明军杀害的消息传来时，努尔哈赤才25岁。他大哭了一场后，回到家中找出那13副铠甲，拉起一支队伍，从此一步一步走上了统一女真的道路。

萨尔浒之战：
大金与明朝的拐点

公元1618年的一天，努尔哈赤将要过60大寿，他召开祭祀大会祭祀女真族列祖列宗。之后他又宣读了与明朝结仇的"七大恨"，正式向明朝发起挑战。

而明朝已经多年没有打过仗了，将士们一个个只会吃喝玩乐，哪是大金的对手。一路下来，努尔哈赤的八旗军势如破竹，攻克了抚顺、清河等东北要塞，节节胜利。

消息传来，辽东震惊了，明朝政府也震惊了！神宗皇帝慌忙派出李成梁之子李如柏、杜松、刘绖、马林等将领，领军40多万，兵分东、南、西、北四路军，全面围攻努尔哈赤。

得到情报后，努尔哈赤采用明朝降将李永芳的计策，把胸脯一拍，大声说："大家不要怕，管他几路来，我们一路打过去就好了。"

1619年2月，明朝的西路军在杜松的率领下，抵达抚顺附近。由于当时正值2月，东北天寒地冻，明朝的将士不能适应。再加上明朝统治腐败，军队已经很久没有打过仗了，真正能打仗的人很少。

杜松的西路军在萨尔浒（今辽宁省抚顺市东部）就地扎营时，遭到努

尔哈赤的全力猛攻，全军覆没。杜松身中17箭，力战而死。

紧跟着，努尔哈赤调兵北上，击败了马林的北路军。之后，努尔哈赤又挥师南下，派人假冒杜松的使者，把刘𬘩的东路军引诱到一个叫阿布达里岗的地方，全部歼灭。

这下，西路军完了，北路军完了，东路军也完了，只有李如柏的南路军因为到达时间慢，侥幸逃过了这一劫，灰溜溜地撤了回去（有人说努尔哈赤的侄女是李如柏的小妾，因此导致作战计划泄露），后来李如柏自杀身亡。

就这样，只用了5天时间，努尔哈赤就消灭了明军5万多人，大胜而归。

经过这场著名的萨尔浒之战，后金在东北地区扎下了根基。之后，又接连攻下了沈阳、辽阳等地区，东北地区的最后几道藩篱被攻破，后金军队从被动防御走向了主动进攻。

努尔哈赤栽了一个大跟头

公元1626年，努尔哈赤领着13万大军，进攻宁远（今辽宁兴城市）。在努尔哈赤心中，打下宁远才可以进攻山海关，攻破山海关，才可以入主中原。然而，纵横沙场的努尔哈赤没想到，宁远就是他人生的终点站。

宁远周围的明军听说"辫子军"来了，怕得要死，早就撤得不见了踪影。只剩下一个叫袁崇焕的将领领着一万多名士兵，死守宁远城。

袁崇焕虽是一介书生，但极富胆识和谋略。还在努尔哈赤率军南下，明朝人心惶惶的时候，他就一个人骑了一匹马，跑到关外去考察。回到北京后，他向上司宣称："只要给我兵马粮饷，我一个人就可以守住山海关。"明朝于是派他去驻守宁远。

袁崇焕到了宁远后，立即派人筑起了一道高高的城墙。当得知后金军进攻的消息后，为了鼓舞士气，袁崇焕咬破自己的手指，写了一封血书，誓死抵抗后金军；还写信给驻守在山海关的明军将领说，要是看见从宁远逃回关内的官兵，格杀勿论。

这样一来，宁远的将士全都安定下来，一心一意抵抗后金军。

努尔哈赤的大军来到宁远城下后，袁崇焕一声令下，无数箭石朝后金军猛烈发射。后金军人数众多，前面的人倒下了，后面的人踩着尸骨接着上。于是袁崇焕下令，发射早就准备好的西洋大炮。后金军顿时被炸得人仰马翻，死伤无数，就连努尔哈赤也受了重伤，不得不撤退。

回去之后，努尔哈赤的伤势一直不见好，十分郁闷地对部下说："我从25岁起开始打仗，从来都是攻无不克，战无不胜，没想到却在一个小小的宁远城下栽了个大跟头。"宁远一战，努尔哈赤受了重伤，心情也十分压抑，终于诱发了背部疽疾，死于公元1626年，终年68岁。

1626年9月，努尔哈赤的儿子皇太极继承汗位后，很不服气，继续率军攻打宁远，同样在铜墙铁壁的城墙下吃了败仗。狡猾的皇太极见明地里打不过，就使了一招反间计，让崇祯皇帝误以为袁崇焕跟后金勾结。崇祯皇帝果然上当，下令把袁崇焕杀了。

公元1635年，皇太极把女真族改为满洲族，简称满族；公元1636年，他在盛京（今辽宁省沈阳市）称帝，将国号改为"清"。

劝降洪承畴

公元1640年,清军发动松锦("松"是松山,"锦"是锦州)之战,活捉了明朝大将洪承畴,并押到盛京。皇太极高兴坏了,因为洪承畴是明朝重臣,位高权重,口碑也很好,在明朝各界有较大的影响力。

这个洪承畴软硬不吃,甚至一连绝食好几天,眼看就要饿死了,可他就是不投降。皇太极无计可施,于是让汉族大臣范文程前去牢中劝降,看他是否真的宁死不屈。

范文程在牢中见到了洪承畴。洪承畴大声叫骂,但范文程百般忍耐,闭口不提劝降之事,反而慢条斯理地与他谈古论今,同时悄悄地察言观色。谈话之间,梁上落下来一块燕泥,掉在洪承畴的衣服上。洪承畴一面说话,一面把燕泥从衣服上拂去。范文程看在眼里,不动声色。他告辞出来之后向皇太极说:"洪承畴一定不会守节而死。他对自己破旧的衣服尚且如此珍惜,不愿意被污泥弄脏,何况自己的生命呢?"

于是皇太极对洪承畴更加关照,倍加礼遇,甚至亲自到大牢里看他。见到洪承畴衣服单薄,皇太极当即脱下自己身上的貂裘,披在洪承畴的身上,问道:"洪先生,你不冷吗?"洪承畴十分感动,望着皇太极,好久之后才感叹道:"您真是当今的真命天子啊!"于是跪下来磕头,投降了清朝。

百姓茶馆

货郎老六

洪承畴投降了？我没有听错吧。前一段时间不是说他以身殉国了吗？皇上（明朝的崇祯皇帝）还让全国百姓哀悼他呢？现在却传出洪承畴投降清朝的消息，这让皇上情何以堪啊！

没错，洪承畴是投降了。只可惜他之前为明朝立了那么多大功：杀闯王高迎祥，大败李自成……到头来，他竟然成了叛徒。

卖烧饼的小贩

李书生

据说，洪承畴被关进监狱的时候，范文程就预言他要投降。当时，范文程去劝降洪承畴，一块燕泥掉到洪承畴的衣服上。洪承畴一边说话，一边掸衣服。你想想，这么爱惜衣服的人，怎么会不爱惜自己的生命呢？

给庄妃的一封回信

编辑：

　　您好！

　　前不久，我的丈夫皇太极突然病死了，这对我来说是个很大的打击。可我没想到，更大的灾难还在后面。

　　由于丈夫临死前没有指定合法的继承人，现在很多人觊觎（jì yú）着这个皇位。其中最有势力的有两派，一派是我丈夫的大儿子豪格，另一派是我丈夫的弟弟多尔衮。

　　特别是多尔衮，这些年，他一直跟随我丈夫南征北战，能力和威望都不比我丈夫差。而且他这个人野心勃勃，早就对皇位虎视眈眈了，我猜他肯定不会轻易放弃这次机会。

　　支持豪格的人也很多，毕竟按照规矩，应该由儿子继承父亲的帝位。

　　他们谁也不肯相让，我真怕会引发一场内战，到时候，我们大清帝国就危险了。恳请编辑给我一些建议。

庄妃博尔济吉特·布木布泰

庄妃：

　　您好！

　　大家都知道，您是一位非常有计谋的女人，面对这种局面，您肯定已经有了自己的主张。可既然您写信向我们求助，那编辑就献丑了。

　　我们认为，不管是豪格还是多尔衮当皇帝，另一方肯定不服气，到时候，一定会引发内战。唯一的办法就是，重新选一个让大家都服气的继承人。

　　这个人必须是皇太极的儿子，这样，原先支持豪格的大臣，就会支持这个继承人。对于多尔衮呢，他要的无非是权力。所以，只要给足他权力，相信他也不会多话。

　　听说，您有一个6岁的儿子叫福临，对吧？至于怎么做，您一定非常清楚了。

报社编辑

[公元1643年，在庄妃的调和下，6岁的福临登上皇位（史称清世祖，又称顺治帝），第二年改年号为顺治，庄妃成了皇太后，多尔衮成了摄政王，辅佐皇帝处理国家大事。]

脚底长了七颗痣

相传，努尔哈赤的脚底长了七颗痣，关于这七颗痣，还有一个感人的故事。

当年，小努尔哈赤投奔了李成梁后，一天，他给李成梁洗脚，洗着洗着，他突然说："老爷，你脚底下有三颗痣呢。"

李成梁听了，扬扬得意地说："你不知道吧，老爷我就是靠着这三颗痣，才当上大官的。"

努尔哈赤觉得奇怪："脚上长痣就能当大官吗？"

"没错。"李成梁答道。

努尔哈赤一听，非常兴奋："那我脚底下还长了七颗痣呢。"说着就把鞋子脱了，给李成梁看。

李成梁倒吸了一口冷气。原来，明朝有这样一种说法，脚底长了七颗痣的人，将来会推翻大明王朝。所以，李成梁对努尔哈赤起了歹心。

晚上，李成梁把这件事告诉了一个小妾，并说："你可得给我看好那个孩子，我这就去造囚车，明天把他送到京城问斩。"

小妾不忍心让努尔哈赤去送死，李成梁一转身，她就找到努尔哈赤，让他赶快逃命。努尔哈赤吓坏了，跪在小妾面前，说："我该怎样报答夫人您的大恩大德呢？"

小妾摸了摸他的头，说："我没有儿子，你就叫我一声娘吧。"

于是，努尔哈赤给她磕了几个头，叫了一声娘，这才转身逃命去了。

小妾知道李成梁不会饶过自己，就在庭院里的一棵树上挂了一根白绫，吊死了。

名人有约

身份：清太宗

大：大嘴记者　皇：爱新觉罗·皇太极

大：您好！听说努尔哈赤有16个儿子，请问您排第几呢？
皇（掰指头数数）：第8个。

大：咦，难道你们满族人不是长子继承汗位吗？
皇：哈哈，那是你们汉族人的规矩，我们满族人是谁有本事谁就当大汗。

大：那看来是您最有本事了。
皇：还行还行。我从7岁起，就开始管理家里的一些日常事务、钱财收支，嗯，管得还不错吧；我的兄弟中也只有我一个人文武双全，其他的都是大老粗。

大：听说您用的弓箭很不一般？
皇：还行吧！也就四尺长，一般人不敢用，我也是用得多了，就习惯了。

大：看来，您跟您阿玛一样彪悍勇猛啊！父亲一般都会喜欢跟自己相似的儿子。请问，您阿玛对您影响最深的是什么？
皇：我20岁的时候，为了统一女真族，我们出兵征讨乌拉部落，与乌拉部隔河对峙。当时，我和哥哥莽古尔泰都很心急，恨不得马上飞到河对岸，将乌拉部消灭。但是阿玛将我们拉住，说了一段让我一辈子记忆深刻的话。

大：什么话呢?
皇：他说："打仗没有那么简单，就像砍大树一样，不是一斧头下去就能砍断的，必须一斧一斧慢慢地砍。要消灭一个国家，也要从它周边的小城市下手，一个一个地将它们攻下来。"

大：哇！英雄说的话就是不一样，之后呢?
皇：之后，我们就按照阿玛的方法，一个一个地攻克乌拉部的城寨，第二年终于把乌拉部消灭了。

大：了不起！因为您战功赫赫，所以您阿玛才将汗位传给了您。对吗?
皇：可以这么说。不过起初，我父亲是想把汗位传给大哥褚英的。后来因为大哥生性残暴，而且心胸狭窄，犯了很多错，很多人都反对他。而阿玛最看重的就是一个"合"，所以就把他处死了。

大：父亲把儿子杀了，这应该是"分"啊！怎么是"合"呢?
皇：这你就不懂了。我们当时实力还不够强大，需要有一支很有凝聚力的队伍，同心同德，齐头并进。如果这里面出现了不和谐的音符，就要去调整，才能保持整体的和谐。

大：噢！我明白了，您大哥就是这个不和谐的音符，如果不处理的话，就会引起内讧。
皇：聪明！其实我阿玛也舍不得杀他的，为了自己的宏图伟业，也没有办法了。

大：唉！没有谁能随随便便成功的。好的，今天的采访就到这里了，谢谢您的参与，再见！

火葬士兵公告

前一段时间，我们与明朝的军队打仗，牺牲了不少士兵。现在士兵尸体太多，难以运回家，所以按照我们女真族人的习俗，已经将他们火葬了。请死去的兄弟，以及他们的亲人放心，我们一定会夺取天下，为兄弟们报仇。

努尔哈赤

禁止伤害乌鸦

前不久我中了明军的埋伏，被明军追赶，掉下了马。幸好一群乌鸦飞过来，落在我身上，让明军误以为我死了。是乌鸦救了我的性命，所以从今天起，我不许任何人伤害乌鸦。有违反命令的，必定严惩不贷。

皇太极

禁烟令

从今天起，民间不许栽种、买卖，或者吃丹白桂（烟草）。违反命令被抓到的人，按照偷盗罪处置，并罚白银九两，赏给捉拿他的人。如果有人知情不报，与当事人同罪。

皇太极

第❷期

〖公元 1644 年—公元 1661 年〗

清军入关

公元1644年，清军在明朝将领吴三桂的引领下，大举进入山海关，打败了李自成的起义军，攻占了京师（今北京）。从此，清朝开始了长达260多年的统治。这是中国第二个由少数民族（满族）建立并统治全国的政权，也是中国历史上最后一个封建王朝。

穿越必读

京城7个月历经三任皇帝
——来自京师的加密快报

"崇祯皇帝在万寿山上吊死啦!"这是公元1644年4月25日早上,京城老百姓们悄悄传递的一个消息。原来,李自成的起义军包围京城后,崇祯皇帝悄悄送走几位皇子,杀死了几位嫔妃和公主,自己却和太监王承恩爬上了煤山(即今北京市景山),找了棵树吊死了。

> 来自京师的加密快报!

李自成进北京后,皇帝宝座还没坐热,他的起义军就到处烧杀抢掠,还对明朝的官员进行拷打、追赃。原本镇守山海关的明朝大将吴三桂听说这消息,再加上他的爱妾陈圆圆被霸占,一怒之下,就向关外的清军投降了。

清朝的多尔衮带兵进入山海关,将李自成赶下了皇帝宝座后,把顺治皇帝接到了京师。从此,清朝正式开始了对中国的统治。

就这样,短短7个月时间,京城的老百姓就在混乱中经历了三个皇帝——明朝崇祯皇帝朱由检、大顺朝皇帝李自成和清朝顺治皇帝爱新觉罗·福临。

这三个皇帝一个接一个地换过来,连喘气儿的工夫也没留给老百姓。

百姓茶馆

这吴三桂到底是怎么想的呢?就算是降了李自成,也是给汉族人做官,为什么偏偏要去做满族人的"走狗",落得个千古骂名?

酒馆王老板

王铁匠

听说李自成把吴三桂的老爹抓起来毒打了一顿,吴三桂是个孝子,他会不会是打不过李自成,所以带清兵来救他爹的?

别把这奸贼美化了!分明是因为刘宗敏劫了他的宠妾陈圆圆,他冲冠一怒,就把山海关给卖了!

李书生

吴将军也没想到会这样啊,他开始只想借清兵把无恶不作的起义军赶出去,没想到引狼入室,丢了汉族人的江山,听说他自己也是后悔莫及啊!

吴三桂的部下小乙

我看明朝气数已尽,本来李闯王进了京城,好好管束一下部下的话,应该是可以振兴我们汉族人江山的。但他就是不争气啊!自古道:"良禽择木而栖",生于乱世的吴三桂这么做,也没有错。

王秀才

扬州十日，惨绝人寰的大屠杀

清朝入主中原后，很多明朝的官员及老百姓仍然誓死效忠明朝。他们把明朝皇帝的后代接到了南方，建立了新的明朝政府（史称南明）。

公元1645年，清朝派豫亲王多铎率领大军向南推进，一路势如破竹，无人可挡。但等到了攻打扬州的时候，却遭到了南明兵部尚书史可法的顽强抵抗。

史可法向南明皇帝求救，但没有得到回应，扬州成了一座孤城。但即便是孤城，史可法也发誓要坚守下去。

无奈，扬州的守兵本来就不多，粮草也不多，没多久，食物就出现了短缺。史可法把剩下不多的肉拿出来，分给士兵们吃，自己就着盐和酱油下饭。

公元1645年农历四月，扬州终于因为弹尽粮绝，被清军攻破。史可法

本来打算自刎,却被清军抓住了。多铎看重他的才华,亲自劝他投降,并拿高官厚禄引诱他,但都被史可法拒绝。

史可法说:"城在人在,城亡人亡。我史可法头可断,但绝不会向你们屈服。"之后,他英勇就义,他的军队全军覆没。

清军在攻城过程中,伤亡惨重。多铎为了泄愤,就下令屠杀城中百姓。这场惨绝人寰的大屠杀持续了整整十天,人们不是被烧死,就是被杀死。往日繁华热闹的扬州城,到处尸骨累累,血流成河,成了一座名副其实的"死城"。

据估计,大约有80万人死于这场屠杀,史称"扬州十日"。相信人们不会忘记这段悲惨的历史。

要头发还是要脑袋

为了打压南明政权和汉族人的反抗,树立清朝统治的权威,清朝皇帝在皇城里站稳了脚跟,就开始治理老百姓了。

公元1645年,摄政王多尔衮颁布了一道"剃发令",要求汉族人在10天之内,像满族人那样,把额头上的头发全部剃掉,在脑袋后面蓄起头发,编成一个长辫子,不从者斩。

汉族人坚决反对,说:"身体发肤,受之父母,怎么可以随便毁坏呢!"

可朝廷回答:"留头不留发,留发不留头。脑袋和头发只能留一个,你们自己看着办吧。"

尽管这样,很多汉族人依然不肯屈服,尤其是嘉定城的人,反抗最强烈。他们甚至组织武装抗击清军,因此遭到了清军的三次大屠杀,史称"嘉定三屠"。

可悲的是,带兵攻打嘉定的,竟然是坚决抗清的明朝将领史可法的部下——李成栋。

李成栋投降以后一心想着要为清王朝立功,结果遇到了嘉定人的英勇抵抗。战斗进行了很长一段时间后,李成栋气急败坏地问部下:"嘉定人投降了吗?"

部下回答说:"活着的都不投降,不过死了的都降了!"

就这样,在清军的三次屠城中,嘉定城内的老百姓没有一个投降,死亡人数达到2万多。清军"如愿以偿",在满城的累累白骨上,插上了"削发令已行"的旗帜。

14岁的少年天子

公元1650年多尔衮病死,14岁的顺治皇帝正式宣布亲政。

为什么他登基8年后才开始亲政呢?因为多尔衮还活着的时候,朝廷里的事都是由他说了算,顺治皇帝根本插不上手。

多尔衮死后,被人揭发生前有谋逆之心。顺治皇帝趁机削去了他的爵位,财产也充公,还把尸体挖出来鞭打,最后连他的余党一并清除,从此集大权于一身,成了名副其实的皇帝。

刚即位时,这个少年天子连汉字书都读不懂,于是他每天都刻苦学习汉族文化,天不亮就起床读书,有时甚至彻夜不睡。

面对全国的战乱,顺治皇帝大胆重用汉族降官,还给崇祯皇帝立了碑,表彰了李自成攻陷京城时殉国的明朝大臣,渐渐稳定了国内局势。

为了拉拢人心,顺治皇帝下令整顿吏治,惩治贪污;提倡忠孝节义,并亲自带着大臣去祭奠孔子;同时还注重农业生产,开垦荒田,减免赋税,提倡节俭,连各地向宫廷进贡的土特产也下令免了。渐渐地,国家恢复了元气。

最值得称道的是,他乐于听取大臣的意见,不管大臣们提什么意见,

天下风云

他都不会生气。如果不提意见，他反而不高兴。

有一次，大臣朱之弼上书说："如今社会存在很多问题，都是'六部'造成的；'六部'不好，是因为他们的顶头上司——尚书管教无方；而尚书是皇上定的，所以归根结底，还是皇上用人不当，治国无方。"

要是换作别的皇上，早已龙颜大怒。可是，顺治皇帝不但不生气，反而表示同意，还根据朱之弼的意见对吏治加以改进。

相反，有个叫姚延启的大臣写了篇文章，对顺治皇帝的功德极力赞颂，顺治皇帝看了不但不高兴，反而将他臭骂了一顿。

在一般家庭里，十几岁的孩子还只知玩耍，但顺治皇帝却有这样的气度、这样的见识、这样的作为，实在是比那些动不动把提意见的大臣打个皮开肉绽，甚至要了人家脑袋的明朝皇帝强得多啊！

八旗大军打进关

护着顺治皇帝坐上金銮殿的，是大清的八旗兵。大清的军队只扯了一张旗子，怎么号称八旗呢？这得从努尔哈赤建立的八旗制度说起。

过去，女真族人在打猎时，各出一支箭，每10支箭组成一个"牛录"（即小组），每个牛录设立一个总领（即组长），也就是牛录额真。耕田打猎，披甲服役，都是以牛录为单位。

公元1601年，努尔哈赤就根据这种"牛录制度"，将女真族人编为四旗：黄旗、白旗、红旗、蓝旗。他们的旗帜分别为黄色、白色、红色、蓝色。

公元1615年，随着势力的壮大，努尔哈赤将这四旗改为八旗：除了正黄旗、正白旗、正红旗、正蓝旗外，增设镶黄旗、镶白旗、镶红旗、镶蓝旗四旗，也就是在原来旗帜的周围镶边，黄、白、蓝三旗镶红边，红色旗

新闻广场

镶白边。每个旗的最高统帅,叫"旗主"。而努尔哈赤统率的正黄旗是最尊贵的。

皇太极即位后,为了扩大兵源、笼络人心,他在满族八旗的基础上又创建了蒙古八旗和汉军八旗,其编制与满族八旗相同。

满、蒙、汉八旗共二十四旗,统称为清代八旗。满族人自称"旗人",所穿的衣服"旗袍",就是由此而来的。

八旗制度有一个很大的特点,那就是以旗统兵,以旗统民,平时耕田打猎,战时披甲上阵。当然,士兵的数量和军饷都是有限额的,所以并不是所有的旗人都披甲打仗。随着人口的增多,披甲上阵的旗人比例就占得越来越少了。

八旗兵平时农作、狩猎,也进行操练,发生战争时,就立刻结集成部队,战斗力非常强。大清朝就是靠着这种军民合一的制度,赢取了江山。

令人哭笑不得的金圣叹

金圣叹是鼎鼎大名的文学批评家,他这个人放荡不羁,常常做出一些让人哭笑不得的事。

他年轻的时候,在乡邻的鼓励下去参加乡试。考试的题目是"西子来矣"。西子,就是西施,意思是让考生评论西施去吴国做间谍的事。金圣叹提笔就写:"开东门,西子不来;开南门,西子不来;开北门,西子不来;开西门,西子来啦!西子来啦!"

主考官看了他的卷子,不知所云,在上面批了一句:"秀才去啦!秀才去啦!"就这样,金圣叹没考上。

清朝几兴文字狱,金圣叹非常不满,他到处奔走呼叫:"孔夫子死了!"还带着学生去哭孔庙。朝廷知道后,就以蛊惑(gǔ huò)倡乱的罪名,将他判了死刑。他的两个儿子去探监,父子几个哭得死去活来。临走前,儿子问他,有没有什么遗言。

金圣叹神秘兮兮地叫他们把耳朵伸过来,说:"我告诉你们,花生米和五香豆腐干一同吃,有火腿的味道,千万别让刽子手知道了,免得他们大发横财。"

金圣叹人头落地后,从他耳朵里滚出两个小纸团来。刽子手以为是什么好东西,捡起来一看,一张纸上写着"好",另一张纸上写着"痛"——好痛!

名人有约

身份：清世祖顺治皇帝

大：大嘴记者　　**福**：爱新觉罗·福临

大：您好，大哥。想不到您这么年轻，叫您大哥您不会介意吧。

福（微弱的）：没关系。记者小弟，我已经染上天花，病入膏肓（gāo huāng）了，你这样接近，不怕传染吗？

大：为了得到独家采访，我也是不得已啊！

福：唉，是啊！人人都有不得已的事。像朕，身为一国之君，却连自己的董鄂妃都保不住，朕对不住她啊……

大：皇上，您不要情绪那么低落呀！您还这么年轻，只有24岁，天下美女任您挑啊……

福（流泪）：我的爱妃国色天香，温柔多情，善解人意，我有什么烦恼都可以跟她说，谁能比得上她呢？只可惜，她到死都只是一个妃子呀……

大：那您就追封她一个皇后的称号呀！

福（拍床而起）：对！就这么办！来人呀！（向太监交代董鄂妃追封的事宜）就定"孝献庄和至德宣仁温惠端敬皇后"吧！把能够用上的赞美词全部用上。你知道的，谥（shì）号越长越风光。可怜爱妃已经离我而去了呀（抹泪）……

大：您不要那么伤心啊！要注意身体、不然天下百姓可怎么办？

福：我对不起天下百姓，要检讨啊！我本来没什么太高的德行，却继承了祖宗大业，又没能治理好国家，造福于百姓，这是第一罪；父亲去世时，我当时年幼，未尽孝道，现在又要先于母后离去，给母后带来痛苦，这是第二罪；我偏向汉族官员，疏远满洲官员，这是第三罪；爱妃去世时，我为她举办的葬礼比皇帝的葬礼还要隆重，花费过多，这是第四罪……（一口气给自己总结了18条罪）

大：皇上您也别过于自责，自古道，人非圣贤，孰能无过……

福（听不进去）：不行，朕要到五台山去。（一拍大腿）就这么定了！来人，朕要出家！

（一太监吓坏了：不可以呀！本朝皇帝没有一个出家当和尚的……）

大：这下完了！皇宫得乱啦，赶紧开溜吧！

（几天后皇宫传来消息，顺治皇帝由于身染重病，驾崩了。只是民间却有传言说，顺治皇帝其实并没有死，而是到五台山当和尚了。不过，由于没有人亲眼所见，所以传言是真是假，始终是一个谜。）

广 告 铺

诚招翻译

为促进满汉语言交流，现面向民间诚聘满汉翻译若干名，要求如下：

精通满文、汉文，擅长书写；

形象好，气质佳，能说会道，理解能力强；

能做同声传译者优先（方便开会发言）；

满族人优先；

限男性（女人就不要出来抛头露面了）。

有符合以上要求的人，请到吏部报名。政府将对您进行笔试和面试，考试通过后，您就可以得到这份包食宿、月薪10贯钱的工作了。名额不限，多多益善。

大清吏部

宫女招聘启事

因后宫新增妃嫔娘娘数位，现特面向社会招聘宫女若干，要求：性别，女；年龄13～15岁，未婚；身体健康，标准身材，中等以上相貌；性格温顺，勤恳踏实。

凡自认为符合以上要求的旗人女子，请于近日内携带户籍证明，到内务府报名，下月初一统一进行面试。非旗人者，严禁报名。

内务府

第❸期

〖公元1661年—公元1690年〗

康熙皇帝
显神威（一）

穿越必读 ▶

公元1661年，8岁的玄烨，史称清圣祖的康熙皇帝登基，他在位61年，是中国历史上在位最久的皇帝，也是中国历史上最成功的帝王之一。他开创了康乾盛世的局面，使国家一步步走向繁荣。而他最为卓著的功绩就是平三藩，退沙俄，收复台湾，维护了国家领土的完整。

烽火快报

郑成功收复台湾
——来自台湾的加密快报

公元1661年，台湾传来了一个激动人心的消息，民族英雄郑成功赶走了荷兰人，收复了台湾。

郑成功是明朝将领郑芝龙的儿子，他少年时曾跟着父亲到过台湾。当时，台湾已经被荷兰人占领，当地的百姓在荷兰人的压迫下，过着艰苦的生活。那时的郑成功，就有了赶走荷兰人的愿望。

来自台湾的加密快报！

明朝灭亡后，郑芝龙要投降清朝，郑成功苦苦劝阻，却不见成效。一气之下，郑成功与郑芝龙断绝了父子关系，宣言"背父救国"，他跑到南澳，招了几千人马对抗清朝。

和清军打了几场仗后，郑成功被清军困在厦门，于是决定前往台湾。刚好这时，一个曾经给荷兰军队做翻译的人赶到厦门，给了郑成功一张台湾地图，并向他透露了荷兰军队的军事部署。

公元1661年，郑成功亲自率领二万五千名将士，坐着数百艘战船，向台湾进军。台湾人早就不堪忍受荷兰人的欺侮，纷纷用小车推着茶水糕点，前来犒劳军队。

荷兰军气坏了，赶紧派兵阻止郑成功登岸。一番激烈海战后，郑军大获全胜，荷兰军乖乖投降，灰溜溜地离开了台湾。

《明史》案引发文字狱

公元1662年，康熙登基的第二年，全国爆发了一场重大的政治案件——《明史》案。

这起案件的"罪魁祸首"是一本叫《明史》的书。书的原稿作者是明末宰相朱国祯，里面详细讲述了明朝的历史。顺治年间，朱家衰败，朱国祯的后代为了生计，把原稿卖给了湖州富人庄廷鑨。

庄廷鑨自小文采出众，胸怀大志，却在一场大病后双目失明。他得到了这部书稿，想到春秋史学家左丘明双目失明，但依然编撰了史学著作《国语》，就网罗了当地一批富有才华的读书人，开始修订《明史》。

刚修订完该书，庄廷鑨就病死了。他的父亲庄允诚爱子心切，将书改名为《明史辑略》，继续请人编写，几年后，终于完成了这部鸿篇巨制。

书中字里行间流露出缅怀前朝、贬低清朝的口气。最关键的是，文中编年仍按明代编排，称"南明弘光、隆武、永历"，称清先祖和清兵为"贼"，称清为

"后金",全都是清朝忌讳的内容。

归安有个叫吴之荣的知县发现后,便跑到庄府去敲诈勒索,被庄府赶了出来。他恼羞成怒,又跑到知府和巡抚衙门去告状,结果也是不了了之,还被上司羞辱了一顿。吴之荣咽不下这口气,最后跑到刑部去告状。

在大清的统治之下,居然有人写出如此大逆不道的书!清廷顿时震怒,立即派人南下抓捕所有参与编写《明史》的人,并处以极刑。就连死去多年的庄廷鑨也被挖了出来,开棺戮尸。而那些帮助印刷、买卖、收藏的人,也被一一定了重罪,不是充当苦力,就是发配边疆充军。

因《明史》案连带入狱的人,多达2000人以上,成为清初最大的一起文字狱,也是清王朝为稳固自己的统治地位,所做出的令华夏大地震惊的举动之一。

给鳌拜的一封回信

各位编辑：

你们好！

我是鳌拜，现在被康熙小儿软禁在畅春园，很不开心。说起来，我出身将门，精通骑射，跟着皇太极南征北战，战功赫赫，算得上大清第一巴图鲁。"巴图鲁"你们懂吧，在满语里就是"英雄"的意思。

先帝（顺治帝）年幼时，多尔衮势力庞大，老夫依然冒着被砍头的危险，处处维护先帝。要不是老夫如此精忠为国，武艺超群，先帝会钦点老夫做康熙小儿的辅政大臣吗？

可惜康熙小儿无知，居然伙同一帮乳臭未干的毛头小子，把老夫给抓了起来，关在这个小地方，一辈子都不能出门！

老夫到底犯了什么错？他康熙小儿要这样对待老夫？

鳌拜

鳌拜：

你好！

你的来信让整个编辑部大吃一惊，没想到你竟敢直呼当今皇上为"康熙小儿"。

你被软禁起来的事情，我们也都听说了。至于原因，我想大家都很清楚。顺治皇帝去世前，曾派了四位辅政大臣辅佐康熙皇帝：你、索尼、遏必隆、苏克萨哈。可你不把另外三位大臣放在眼里，一个人专权。现在皇上大了，你还舍不得交出大权，他当然跟你急了！

你以为大权在握，自己又武功高强，就可以不把主人放在眼里。你不知道，你这个小主子厉害着呢！为了对付你，他费了好一番心思，养了一群少年侍卫练摔跤，然后说是要跟你闹着玩，实际上却是想趁机将你捉住。这不，你一大意，果然被他们抓住了吧？

现在呢，我们劝你也不要太想不开了，你忤（wǔ）逆皇帝，能捡回一条小命儿就不错了，还抱怨个啥呢？

报社编辑

"朱三太子"造反

公元1673年,京城出现了一桩稀奇事:有人自称朱慈焕(崇祯皇帝的第五个儿子),在皇城根下做起了皇帝!

据说,这个"朱三太子"还对前来造访的前明遗臣,以及对清廷不满的街坊邻居说,大家如果能够帮助他"杀死清皇,复辟大明",以后就是开国功臣。还夸下海口说,紫禁城里的太监也跟他联系上了,并约定在公元1673年12月23日那晚放火,里应外合杀入皇宫。可惜,最后叛徒告了密,清廷事先有了防范,造反行动失败。"朱三太子"自己也在混战中下落不明。

后来官府经过严查,终于弄清了这个"朱三太子"的底细:原来,这个造反者真名叫杨起隆,是京城人。因为生长在天子脚下,明白大多数汉族人对前明的感情,也知道老百姓比较抵制关外来的清王朝,所以就利用"朱三太子"的名号造起了反。

这起假"朱三太子"事件被平定了,杨起隆也销声匿迹。可是这场造反运动点燃了"反清复明"的火把。此后,各地先后涌现出数十个"朱三太子"。

这些人打着"前朝太子"的名号聚众起义,虽然被一一平定,却也给清王朝惹出了不少麻烦。从此,朝廷对此类似的案件,都统统归结为"朱三太子案"。

康熙平定三藩

当年清军入关,多亏了吴三桂大开山海关关门,清军才省下不少力气。所以,为了笼络人心,清政府重用吴三桂,封他为平西王,让他驻防云南和贵州两地。

同时受封的还有跟吴三桂一样投降清朝的明军将领尚可喜(封平南王,驻防广东)、耿仲明(封靖南王,驻防福建)。这三个人远离京城,成为一方的土霸王,人称"三藩"。清政府也很少管他们。

但"三藩"拥兵自重,又是汉族人,对清朝本来就不怎么忠心,因此康熙皇帝便想削弱他们的势力。吴三桂他们渐渐也觉察到了皇帝的心思。为了试探皇帝的态度，他们假惺惺地上了一本奏章，主动提出撤除藩位。

康熙皇帝一看，心想：好啊！我正愁着怎么对付你们呢。于是大笔一挥，准了。藩王们这下不干了，于是一不做二不休，脱下了藩王的官服，换上了明朝的盔甲，打着"反清复明"的旗号，造起了反！还说自己当年投降清朝是迫不得已，是为了"保存实力，东山再起"。

当时是公元1673年，康熙皇帝还只是一个二十来岁的年轻人，没打过仗，而他的对手却是多年养兵蓄锐的三个藩王。但康熙皇帝临危不乱，在大臣们的建议下，积极调兵遣将，并对实力强大的三藩阵营采取了分化瓦解的策略，先拉拢意志薄弱的耿精忠（耿仲明之孙）和尚之信（尚可喜之子），再集中力量对付吴三桂。

这几招还真管用，吴三桂一开始打了一些胜仗，可到后来没有了耿精忠和尚之信的援助，再加上清兵也越来越多，吴三桂很快就陷入了困境。

公元1678年，不甘失败的吴三桂在湖南衡州称帝，但他只做了5个月的皇帝，就在内外交困中死去。

吴三桂死后，他的孙子吴世璠继位。他凭借吴氏在西南多年蓄积的兵力，仍与清朝争战了3年之久。

公元1681年，持续了8年的"三藩之乱"终于被平定了。

百姓茶馆

茶馆老板：吴三桂怎么又"反清复明"了？当年可是他自己开了山海关，把顺治皇帝迎进来的，南明的永历皇帝也死在他手里。现在，这厮又说来攻打大清，还真叫人无语啊！

康老头：如今，吴三桂在汉族人眼中是汉奸，在满族人眼中是叛贼。他的子孙后代也被清政府杀光了。当初，他要是预料到自己今天的结局，不知道还会不会背叛明朝。

路人甲：街口新开了一家药铺，取名字叫"同仁堂药室"。老板乐显扬人很好，给穷苦老百姓看病都不要钱。据说乐老板曾经是一个穷大夫，因为给康熙皇帝看好了病，得到一大笔赏钱才盖起药室的。

施琅收复台湾

施琅（láng）原本是郑芝龙的手下，后来跟着他投降了清朝。可当郑芝龙的儿子郑成功招揽人才时，施琅又加入郑成功的队伍，和他一起反清。

很快，施琅就成了郑成功的得力骁（xiāo）将。不过，施琅这人心高气傲，有一次，他对郑成功的战略有异议，坚决反对，这让年少气盛的郑成功很不满。于是，郑成功削弱了他的兵权，这又引起了施琅的不满。

后来，施琅的亲信曾德犯了死罪，逃到郑成功那里。郑成功为了打击施琅，故意提拔那人为自己的亲随。施琅知道后火冒三丈，亲自把曾德抓回来，要砍他的头。

郑成功知道后，赶紧派人传达命令，不准杀曾德。

施琅说："法令，我施琅是不敢违背的。一个人犯了死罪，怎么能够逃脱法律的惩治呢？"说完，就把曾德杀了。

这下子，郑成功也火了。他下令逮捕施琅父子三人，结果只有施琅一个人逃了出来。郑成功在大怒之下，竟杀了施琅的父亲和弟弟。俩人可算是结下了血海深仇。

就这样，施琅没地方去，只好投降了清朝。清朝对他表示热烈欢迎，还让他做了官。施琅一直念念不忘报仇，就向康熙皇帝上书，把台湾纳入

清朝的版图，康熙皇帝同意了。

再说台湾在郑成功和他儿子郑经的统治下，已经从一个人烟荒芜的岛屿，逐渐变得富强起来。可是自从郑经死后，他的儿子们为争权夺位，把台湾搅得一团糟。刚好这时，施琅领着清军打了过来。

公元1683年，清军和郑家水师在澎湖大战七天七夜，最终清军得胜，占领了澎湖。施琅没有急着攻打台湾，而是将俘虏放回去，让他们带话，说既然郑成功已经死了，以前的事情，自己就不追究了。

于是，郑氏政权向施琅投降，清朝顺利收复台湾。

雅克萨大捷

朝廷正在举杯庆祝平定三藩成功时，又传来了沙俄入侵雅克萨的消息。

雅克萨位于黑龙江流域，自古以来就是我国的领土，从秦汉时期开始，就有专门的官员驻守管辖，达斡（wò）尔族人们世世代代居住在那里。沙俄从明朝开始，一直觊觎着这片土地。

有个沙俄逃犯得知大清朝廷将精兵都集中到南方平叛去了，就带着84个土匪耀武扬威地闯进了雅克萨城。他们在当地修筑城堡，强占百姓财物，还把抢来的财物献给沙皇，达斡尔族人被赶到了嫩江流域。而沙皇收到赃物，不但不惩罚他，还赦免了他的罪，封他为"雅克萨长官"。这不明摆着把雅克萨当作他们的领土吗？

得到这个消息，康熙皇帝马上给沙俄皇帝写了一封信，礼貌地请沙俄把雅克萨城还给大清。没想到沙俄不但不肯还城，反而向雅克萨增兵，准备与清军对抗。

康熙皇帝立刻认识到，只有使用武力，才能驱逐沙俄侵略者，于是再次起兵，赶往东北边境。公元1685年，康熙皇帝任命彭春为都统，率水、陆两军上万人进攻雅克萨。彭春采用声东击西的战术，成功击败了沙俄军队。

为了维持友好邦交，清军并没有杀死俄国俘虏，只是将他们驱逐出境。

没想到,沙俄军队贼心不死,彭春率领清军一撤离,他们马上又带着大队人马回到雅克萨,重新占领了这座城池。

康熙皇帝大怒,命令黑龙江将军萨布素带兵,再次围攻雅克萨城。这次,清军采用的是围困战术,断绝了城内和城外的联系,还每天都用火炮攻击城墙。

公元1686年,沙俄再次投降。

公元1689年,清政府派内政大臣索额图为代表,赴尼布楚与沙俄谈判,签订了《中俄尼布楚条约》。这是清政府与外国签订的第一份战后条约。虽然条约换来中俄东北边境的和平,但在清政府的让步下,作为战胜国的中国,反而失去了外兴安岭以北的小部分领土,以及以尼布楚为中心的蒙古东北部地区,实在让人费解。

康熙皇帝赶驴

傅以渐是康熙皇帝的老师,这人有个嗜好,不喜欢骑马,喜欢骑驴。多年前他去赶考的时候,就骑了一头毛驴,混在骑着高头大马的考生里面,显得与众不同。

有人笑话他说:"自古只有骏马才能进朝门,你骑个毛驴,也妄想上金殿?"

傅以渐一笑了之。后来,他以优异的成绩取得了殿试资格,经过顺治皇帝的亲自考试,成了大清开国以来的第一位状元。

顺治皇帝见他学识渊博,请他做三阿哥玄烨(即康熙皇帝)的老师,并特别批准他可以骑驴出入午门。小玄烨很喜欢他,经常跑过来为老师赶驴。有一次,顺治皇帝看到这幅景象,哈哈大笑,亲手画了一幅《状元骑驴图》送给傅以渐,上面还题了一首诗:

云龙山下试春衣,放鹤亭前送夕晖。

一色杏花红十里,状元归去驴如飞。

这件事情传开后,当年笑话傅以渐的那些人面红耳赤,从此再也不敢轻易嘲笑别人了。

名人有约

身份：清圣祖康熙皇帝

大：大嘴记者　　**玄**：爱新觉罗·玄烨

大：皇上您好，见到您我真是太激动了。
玄：别激动！别激动！你也是见过世面的人了，想问什么就问吧！

大：您老人家都60多岁了吧，身体还是这么硬朗啊！比我们家老爷子强多啦，有什么养生秘诀没有？
玄：哪有什么秘诀！不过是不贪吃，不贪睡，爱干净，讲卫生，不贪杯，不焦虑罢了。

大：哇！这个很简单嘛，其实我也做得到。
玄：很多事情其实就是这么简单，不要搞得太复杂了。

大：嗯，您的年号是康熙，请问康熙二字是什么意思呢？
玄：康，是安宁的意思；熙，是兴盛的意思。合起来就是天下兴盛、百姓安宁。

大：哇！我觉得您这年号和当今的社会状况真是太符合了。
玄：呵呵！这是皇帝应该做的。

大：我想知道，您治国的窍门是什么？
玄：两个字，一个勤，一个慎。

名人有约

大： 您能具体给我们谈谈吗？

玄： 行，先谈谈勤吧。勤就是勤劳，勤政是为君的根本，怠荒是亡国的病源。做皇帝的必须要勤政，才能治理好国家。所以我每五天都在乾清门前主持一场朝廷会议，和大臣们讨论一些国家大事。

大： 这叫御门听政吧。不过，您真的每次都去吗？刮风下雨天也去？

玄： 当然，别说下雨了，就是下刀子也去。

大（坏笑）： 那要是地震了呢？

玄： 你还别说，前些年，北京真的发生过一场大地震，会议照常举行。

大： 您老人家真是精力充沛。

玄： 除非我病得起不了床，或是有什么重大变故，或是三大节，那就不去了。

大： 什么是三大节？

玄： 就是元旦、冬至和万寿节。万寿节就是皇帝的生日，比如我在位时，万寿节就是农历三月十八日，我的生日这不眼看就要到了。

大： 哎呀！不过，我可没准备什么礼物呀！最多把这篇采访稿送给您。接下来，您给我们谈谈慎吧。

玄： 嗯，皇帝不是平民，一举一动都关系到国家大计，所以不管做什么事，都要三思。比如，对大臣们上奏的事情，要反复调查，慎重决定。

大： 那是那是。现在咱国家是世界上幅员最辽阔、经济最发达的帝国，这都是您老勤和慎的功劳啊！希望您老人家年年康健，把这个"康熙盛世"进行到底！哎，时间过得真快，今天的采访又要结束了，谢谢您的参与。

广 告 铺

《聊斋志异》即将问世

蒲松龄的最新短篇小说集《聊斋志异》即将问世。这是一部非常值得期待的作品，里面收录了491篇短篇小说，大部分都是关于鬼怪、狐仙、人兽的故事，精彩不容错过。

明月书肆

秋后处决张氏

前几天，商人王麻子与妻子张氏争吵。王麻子气不过，找了一把菜刀跑出门去，在屋檐下自杀了。按《大清律例》裁定是因为张氏言辞不当，冲撞了丈夫，才害死了他，所以按律例判张氏斩刑。秋后处决。

大清刑部

布告

关于王员外逼死妻子刘氏一案，经过本衙门金衣捕快的细致查访，终于弄清了案情真相：王员外打算把妻子刘氏送给朋友做仆人，刘氏不听话，又吵又闹，最后上吊而死。

按照《大清律例》，刘氏此举是自杀行为，跟王员外无关，判王员外无罪；同时，刘氏反抗丈夫的决定，违背了妇德，刘氏娘家犯了管教不善的罪，罚赔王员外家十两纹银，并且登门谢罪，特此判决。

巴县衙门

智者为王

智者第❶关

1. 后金是谁建立的？
2. 清朝是谁建立的？
3. 顺治皇帝即位后，多尔衮的身份是什么？
4. 范文程准备劝降的明朝大臣是谁？
5. 清军入关是在哪一年？
6. 哪次战争使后金在与明朝的对抗中，从防御转向进攻？
7. 清朝采用的是什么军事制度？
8. 引清军入关的明朝将领是哪一位？
9. 被多尔衮从紫禁城赶走的皇帝是哪一位？
10. 清朝的哪位大将收复了台湾？
11. 清军入关以后，汉族人也被编入八旗兵了吗？
12. 满族男子的发型是怎样的？
13. 哪个城的人民为了反抗清朝的"剃发令"而拼死抗战，拒不投降？
14. 普通汉族女子能成为清朝皇宫里的宫女吗？
15. 什么案引发了文字狱？
16. "康熙皇帝平三藩"的三藩，指的是哪三个藩王？
17. 雅克萨大捷后，中俄签订了什么条约？
18. 《聊斋志异》的作者是谁？

智者**无敌** 王者**为大**

第 4 期

〖公元 1690 年—公元 1722 年〗

康熙皇帝显神威（二）

从公元 1690 到公元 1696 年，康熙皇帝三次亲征噶尔丹，消灭了西北边疆的分裂割据势力。在康熙皇帝的治理下，大清经济繁荣，盛极一时。然而在康熙皇帝晚年，他的 9 个儿子掀起了一场场夺位的斗争，在一定程度上影响了社会安定。

穿越必读

烽火快报

康熙皇帝将亲征噶尔丹
——来自准噶尔的加密快报

大家知道，如今的蒙古族分为漠北蒙古、漠南蒙古和漠西蒙古。准噶（gá）尔是漠西蒙古的一支，居住在我国西北方伊犁一带。

前不久，准噶尔的首领噶尔丹竟然口出狂言："圣上君南方，我长北方。"什么意思呢？意思是：南方的土地归皇上，北方的土地归我。他企图通过这样的方式实现北方的独立，自己称王称帝！

这事儿一传开，整个大清朝都震惊了！这个噶尔丹，未免野心也太大了吧！

噶尔丹的确是个野心勃勃的首领，前些年，他吞并了漠西蒙古的其他部落，又与沙俄勾结，将漠北蒙古人赶到了漠南，现在又打算进攻漠南，称霸北方。

漠南蒙古早已归属大清，漠北蒙古和漠西蒙古也是大清的领地。康熙皇帝当然不允许噶尔丹的阴谋得逞。不然，国土分裂不说，我国的西北地区还将回到游牧时代，历史文明将大幅度倒退。

为了消灭叛军，反抗沙俄侵略，夺回失去的土地，康熙皇帝决定亲征噶尔丹！

来自准噶尔的加密快报！

康熙皇帝三征噶尔丹

公元1690年7月，康熙皇帝亲自督战，兵分两路，向噶尔丹进军。左路由抚远大将军福全率领，右路由安北大将军常宁率领。

右路清军先接触敌人，打了败仗，使噶尔丹长驱直入，一直打到距离北京只有700里的乌兰布通（今内蒙古昭乌达盟克什克腾旗）。

来到大红山下后，噶尔丹把上万只骆驼的四脚绑住，放倒在地上，驼背上再加上箱子，用湿毡毯裹住，形成一个驼城。叛军就在那箱垛中间射箭放枪，阻止清军进攻。

康熙皇帝命令福全用火枪火炮反击，很快就把驼城打开了一个缺口。噶尔丹一看形势不利，赶紧带着残兵逃到漠北去了。

公元1695年，在沙俄的支持下，噶尔丹养足精力，率3万骑兵，再次叛乱。

公元1696年，康熙皇帝第二次亲征噶尔丹。这一次，他兵分东、西、中三路出击，他自己亲自率领中路军，首先到达约定地点科图。这时，其他两路军还未到达，就有谣言传来，说噶尔丹有沙俄出兵相助。有的将领

听了就有点儿害怕，劝康熙皇帝退兵。康熙皇帝说："现在连个叛贼都没见到就退兵，怎么向天下人交代？"

而噶尔丹一听说康熙皇帝又亲征的消息，就连夜撤兵逃跑了。康熙皇帝一面派兵追击，一面通知西路军半路截击。最后一举歼灭噶尔丹叛军精锐力量，取得平叛战争的决定性胜利。

但噶尔丹还是贼心不死，仍然要与清廷对抗。一年后，康熙皇帝第三次亲征噶尔丹。噶尔丹的属下知道打不过清军，纷纷投降。噶尔丹走投无路，只好服毒自杀。

从此，清政府在乌里雅苏台设立将军，重新控制了阿尔泰山以东的漠北蒙古。后来，噶尔丹的侄儿攻占西藏。康熙皇帝又派兵远征西藏，赶走了他。紧接着又在拉萨设置驻藏大臣，代表清政府和达赖、班禅共同管理西藏。

一个外国人的忏悔

各位编辑：

我是一个外国人，和同伴一起来到中国很多年了。有一件事情，我放在心里一直很不舒服，想说出来给你们听听。

在我出生的国家，有一种火炮叫"冲天炮"。我对中国皇帝夸口说，那种火炮只有我们国家的人才能造出来。皇帝就给了我很多钱，让我造一架出来。结果我花了整整一年，都没有造出来。而一个姓戴的中国官员只用了8天就造出来了！我不得不实话实说，那个火炮确实火力十足，弹无虚发。皇帝非常高兴，奖励了这个官员，还嘲笑说我们国家不行。

我窝了一肚子火，就说那个姓戴的官员和东洋人勾结。结果皇帝居然相信了，把姓戴的官员流放到了盛京。听说那个人现在靠卖字画艰难度日，上帝天天都在责怪我，我应该怎么办？

苦恼的外国人

苦恼的外国人：

您好！

如果没有猜错，您就是鼎鼎有名的比利时传教士——南怀仁先生，对吗？听说您为人谦虚热忱，一直甘守清贫，说实话，是很受我们中国人尊重的。要不然，也不会连康熙皇帝都拜您做科学课的老师了。

可没想到，您居然因为嫉妒，干出陷害兵器发明家戴梓的事。难怪您天天要遭受良心的谴责。

不过，您现在后悔还来得及，我们建议您赶快找到戴梓，好好对待他。无论您是否到皇帝面前澄清真相，历史都会记录下事情的本来面目，您自己看着办吧！

报社编辑

（可惜，编辑回信后没几天，南怀仁就去世了。）

盛世滋丁，永不加赋

清代的赋税，原本一直沿袭明代的做法。康熙皇帝在中国统治了几十年后，眼看局势稳定下来，于是规定，从今以后，按照人口征收一些银两，作为赋税。因为人口又叫人丁，所以这种税又被称为"丁银"。

以前征税，都是以家为单位来征收，每家都出一样多的税。有的人家人口多，交税就不成问题。可还有一些人家，家里人少，经常交不起税。丁银按照每家的人口来征收赋税，还是比较合理的。

但是，清朝的行政区域是以行省为单位的，比如江浙行省、四川行省等。政府为了省事，就按照每个行省占地面积的大小，来规定那个行省该上缴多少税银。于是问题就出来了，下面的老百姓按照人丁往上缴税，可是各地人丁数量不一。有的地方一亩地上有一百人；有的地方一亩地只有三个人。一些地方贪官就在税额上面做些手脚，侵吞百姓财富。

很快，康熙皇帝就注意到了这个问题，于是，他叫来有学问的大臣商量，打算将税额固定。最后他们决定，依照康熙五十年（公元1711年）的人丁数，编一本征粮手册。上了册子的人，每人每年按固定金额上缴赋税，以后再新增人口，就不用缴税了。

康熙五十一年（公元1712年），清政府宣布了这个新政策："盛世滋丁，永不加赋。"

康熙五十二年（公元1713年），康熙皇帝颁布诏谕，对"永不加赋"政策进行了详细说明。

天下风云

税额固定后，老百姓确实得到了实惠。可是随着时间流逝，征粮手册上的人老的老，死的死，总不能叫死人爬出来缴税吧？于是，到了康熙五十五年（公元1716年），户部在编审新增人丁时，就决定让新增人口来替死去的人缴税。

可是，谁敢保证一户人家死了一个人，就一定会生一个呢？有的人家死了一个老人，生了一双儿女，那倒没什么问题。可有些人家死了好几口人，又没有新生儿，那这些人家就很惨了。

甚至还有一些人家，全家都死光了，怎么办呢？户部为了保证收到足额的税银，就打起了他们亲戚、同乡的主意。

按照这种方法，抵补之后剩下的多余人丁，才能享受"永不加赋"的优惠政策。说实话，真的能够得到这个机会的人，那可是微乎其微呀！所以，"盛世滋丁，永不加赋"，实际上只是一句空话而已！

九子夺嫡

康熙皇帝足足生了35个儿子,除去那些还没有长大就死去的,还剩下24个儿子。本来,清朝在康熙以前,是不立皇太子的。一般是等皇帝死后,由八旗旗主共同投票选举。

康熙皇帝与赫舍里皇后青梅竹马,十分恩爱。皇后因为难产,生下儿子胤礽(yìn réng)后便去世了。康熙皇帝十分悲痛,于是在胤礽满周岁时,册立他为皇太子。皇帝公开册立皇储,这在大清朝历史上还是第一次。

在康熙皇帝的精心培育下,胤礽为人贤德,谦恭礼让,并且很有治国能力,深受康熙皇帝喜欢。但有一件事,让康熙皇帝对胤礽产生了不满。

公元1690年,康熙皇帝亲征噶尔丹时,在途中病倒了。太子胤礽和三阿哥胤祉(zhǐ)前去看望。三阿哥一见到卧病在床的康熙皇帝,就失声痛哭。太子却站在一旁,一脸无动于衷的样子。

康熙皇帝是个十分孝顺的人,每次出巡在外,他都要给自己的祖母孝庄太皇太后写信问安。孝庄太皇太后某次生病时,他曾连续35天衣不解带地伺候。因此太子的冷漠表现,让康熙皇帝看了非常失望,从此疏远了他。

康熙皇帝对太子胤礽的冷落，引起了胤礽的恐慌，也引起了其他八位皇子的窃喜。一时间，"太子党""八爷党"等党派相继出现，宫中弥漫着一股看不见的硝烟。

公元1708年，康熙皇帝去塞外巡视，让太子胤礽和另外六位皇子随行。一天夜里，康熙皇帝突然发现太子胤礽一连好几天都在窥视自己的帐篷，康熙皇帝不得不怀疑他图谋不轨。

返京途中，十八阿哥生了病，百般治疗不得好转。康熙皇帝忧心忡忡，太子胤礽却一脸满不在乎，甚至还喜形于色，康熙皇帝对他更加失望。不久，就废了太子胤礽。

太子胤礽被废，其他皇子蠢蠢欲动，其中八阿哥胤禩（sì）自幼聪慧、性格随和，在朝中极有声望。

有一天，康熙皇帝问大臣们："这个储君之位谁来当比较好？"当时就有人举荐了八阿哥，这让康熙皇帝极度郁闷，因为他最喜欢的还是二阿哥胤礽。后来，康熙皇帝就以结党营私的罪名，把八阿哥狠狠地斥责了一顿。

公元1709年，康熙皇帝再次册封胤礽为太子。而这时太子胤礽已近40岁了，所以，胤礽郁闷地说了一句："古今天下，岂有做40年太子乎？"

听了这句话，康熙皇帝再次心寒：想不到自己的儿子等着做皇帝，已经等得迫不及待了。

于是，太子胤礽再次被废。皇子们为了争做新的继承人，继续相互倾轧。康熙皇帝看了心里很不是滋味，于是一直到死都没有再立皇太子。

百姓茶馆

张氏家族族长

康熙皇帝将天下治理得井井有条,连土尔扈(hù)特部人都不远万里,前来朝拜。可他却没能管好自己的家事。看来"清官难断家务事",就算是皇帝,在决定储君这件事情上,也是大伤脑筋啊!

某绸缎商

前些年,政府因为防备郑成功进攻,对南洋实行了海禁。后来台湾收复了,就解除了海禁,准许我们和外国人自由通商贸易。就连皇上也很喜欢西方传教士带来的自然科学,可现在政府为什么又对南洋实行海禁呢?

某瓷器商

唉!那些出海做生意的人,一半都留在南洋不回来了,政府怕他们聚集在一起造反。再加上南洋各国海盗太多,所以政府干脆闭关锁国啦。

比利时传教士

中国的皇帝居然亲自召见那些地位低下的劳工,还懂得18个省中的13个省的方言,并以一种友善可亲的态度同他们交谈。这太让我感到惊讶了!这样的皇帝老百姓不喜欢才怪呢!

不跪皇帝跪县官

有一年,康熙皇帝带着庞大的队伍下江南。一行人走到河北的固安,见老百姓全都跪在道路两旁。康熙皇帝以为百姓们是来迎接圣驾的,高兴得合不拢嘴,故意问百姓们:"你们跪在这里干什么呀?"

按照康熙皇帝的设想,百姓们应该齐呼万岁,然后回答说:"是来迎接万岁爷您的呀!"这样皇帝就赚足了面子。

可没想到的是,老百姓竟然说:"我们是来挽留杨县令的!圣上既然来了,就替我们做个主,让杨县令留在固安吧!"

康熙皇帝被泼了一瓢凉水,满肚子的不高兴。可是做皇帝,这点儿气度还是得有的。所以,他耐住性子,询问这个杨县令是何等人物。

百姓们就纷纷说,这杨县令呀,在固安县可是出了名的爱民如子的清官。有一年百姓被征去修永定河的工程。因为一个姓黄的河道(官名)监工不力,拖延了工期,所以直到冬天,大

八卦驿站

伙儿还在赶工,一个个冻得手脚发青发紫。

杨县令,也就是杨秘(bì),看大伙儿可怜,就允许他们等太阳出来后再开工。可黄河道发现百姓没有像以前那样凌晨开工,大发脾气,让人把迟到的百姓打了一顿。

杨秘听说了,赶去求情。黄河道仗着自己常年在固安做官,而县令却是经常调动的,所以很不给面子,坚决要打。杨秘急了,和黄河道大声理论。黄河道于是扬言,要弹劾杨秘。最后在巡抚的调解下,这件事情才没有闹大。

除此之外,杨秘还为老百姓办了许多事,深得百姓爱戴。康熙皇帝来到这里时,刚好赶上杨秘被调去宛平做县令,老百姓舍不得他,就跪在道路两边挽留。

康熙皇帝听了老百姓的倾诉,就说:"那我就给你们再选一个好官,如何?"

百姓和随行的大臣都默不作声,只有跪得离康熙最近的一位妇女说:"那您还不如选一个好官,送到宛平去呢!"

康熙皇帝听了这句话,沉思良久,大笑起来,然后下令奖赏杨秘,并让他继续做固安县令。

名人有约

身份：废太子

大：大嘴记者　礽：爱新觉罗·胤礽

大：你好，太子。
礽（摆手）：以后别叫我太子了，我已经被废了。

大：但听说你皇阿玛一开始是想把你培养成盛世明君的。
礽：当初皇阿玛对我还是花了不少心思的。我6岁以前，都是皇阿玛亲自教我读书。后来还给我请来了汉文老师和蒙古文老师。我每天早上5点多钟就要起床读书，到下午4点左右才放学。

大：有寒暑假吗？嗯，我是指大热天和大冷天可以休息吗？
礽（摇头）：那可不成，一年当中，只有元旦、端午、中秋、万寿节、本人的生日这五天可以不读书，其他的日子都不行。每天上课时只能休息一刻钟，还不可以乱走，否则就可能被罚站；大热天还不能扇扇子。

大（惊恐）：呃……这么严……
礽：皇阿玛经常来亲自检查我的学习情况，下午还会检查我的射箭成绩……

大：哇！还能射箭骑马！
礽：那当然！我大清人人都骁勇善战，不会射箭骑马怎么行！（唉声叹气）可我学这么多有什么用？

大：怎么会没用呢？多学点儿，就能多点儿底气做个好皇帝了。

礽：唉，我哪有什么机会啊！你看，我皇阿玛还精神得很，过个八十大寿没一点儿问题。可我已经老了，我也不是迫不及待要当皇帝，可我要是一天不当皇帝，我那些兄弟们就一天跟我没完。

大：他们怎么了？

礽：要不是他们胡说八道，皇阿玛怎么会怀疑我要弑（shì）君夺位，不但废了我，还废了两次呢？

大：皇宫果然险恶！

礽：要是说我别的不是，我也认了，我毛病是很多；可是说我要弑君夺位，我绝没有这个意思。

大：真是庆幸没有生在帝王家啊！

礽：皇阿玛是爱我的，我知道，他第一次废我的时候，痛哭流涕，甚至扑倒在地，完全不管自己的帝王威仪了。

大：唉，你太伤他的心了！

礽（凄然一笑）：有谁能理解我呢？我当了40多年的太子，人生有几个40年？兄弟间的这种倾轧我已经厌倦了。如果我早日当了皇帝，这一切不就可以终止了吗？但皇阿玛依旧舍不得他的皇位……这难道是我一个人的不是吗？

大：唉！权力这东西就是害死人。不过，你也不用太难过，说不定，皇上会第三次立你为太子呢？

礽：他老人家是皇帝，他想怎样就怎样吧，谁叫我不是皇帝呢！

大：你不要太伤心，希望下次还有机会采访你。

75

广告铺

裁缝铺开张

本裁缝店于近期开张，主要经营定做旗袍，兼营汉服。店内有京城知名的王裁缝、张裁缝、李裁缝，几位师傅的技术炉火纯青，绝对让您满意。有需要的顾客请前来预约制作。

另外，本店招裁缝学徒若干、扫地女仆1名、做饭女仆1名，皆包食宿，待遇从优。

兴欣鑫裁缝铺

政府公告

前些年，皇上（康熙皇帝）授予了五世班禅"额尔德尼"（意为珍宝）的称号。从今年起，西藏正式纳入大清帝国的版图。

朝廷决定，给予西藏自治权，只派一位驻藏大臣前去管理必要的事务。不过，西藏没有军事权和外交权，而且必须承认是大清的一部分，否则，朝廷一定派兵讨伐。

清政府

苏州织造局，专为贵人服务

苏州织造局是一家官办的纺织机构，专门为皇子、公主，以及达官贵人织造衣服、帽子等，做工精美，质量一流，欢迎各位贵人前来定做衣物。

苏州织造局

第 5 期

【公元 1722 年—公元 1735 年】

劳模皇帝雍正

雍正皇帝是一位非常勤奋的皇帝。他整顿吏治，兴建水利，还废除了贱籍和腰斩，他的主要功劳在于对"康乾盛世"起了承前启后的作用。可他同时也是一位冷酷的封建专制君主，不仅打击迫害其他皇子，还大兴文字狱，闹得天下文人惶惶不可终日。

穿越必读

皇位到底传给了谁
——来自京师的快报

公元1722年，康熙皇帝驾崩了！这个在位61年的皇帝终于寿终正寝。他的四儿子胤禛奉旨登基（史称清世宗雍正皇帝）。

本来这是一件值得全国欢庆的事，但由于康熙皇帝生前并没有公布遗诏，所以皇子们都起了疑心。因为大家都知道，康熙皇帝生前最宠爱的是废太子胤礽，太子被废后，康熙皇帝宠爱的是十四阿哥，怎么当皇帝的成了四阿哥呢？

民间甚至有传言说："遗诏里说的是'传位十四阿哥'，胤禛改了遗诏，才会变成'传位于四阿哥'。"

胤禵和胤禛，这两个名字确实相像。百姓们议论纷纷，有的力挺雍正皇帝，有的则相信传位给十四阿哥的那个传言。甚至还有人觉得，雍正皇帝为了篡位，趁十四阿哥远在青海打仗之际，害死了康熙皇帝。

但十四阿哥胤禵一进京，就被雍正皇帝给关了起来，之后传言就戛然而止。直到现在，雍正皇帝本人还是没有出面予以澄清。真相到底是怎样？相信只有雍正皇帝自己心里明白了。

胤禛为什么能当上皇帝

各位编辑：

你们好！

有件事情我怎么也想不通，那就是胤禛怎么当上皇帝了呢？他在几位皇子中，并不是很显眼的一个啊！而且我们一直认为，他对皇位根本就没有兴趣，没想到他却成了最后的赢家。

我实在是想不通，那天早上去找胤禛，他居然对我避而不见。那个邬先生（指邬思道）还让门房告诉我："如果是朝中大事，请找张中堂；如果是军事，请问十三爷；如果是私事，就告诉他，天子无私事！"

把我给气晕了，我不问他了，请编辑们为我解答吧。

六阿哥胤祚（zuò）

六阿哥：

你好！

其实，你们都被胤禛骗了。胤禛这人心机非常重，他不是不想当皇帝，而是他懂得掩饰自己的野心。他故意装出一副对皇位不感兴趣的样子，一来可以博得先皇的好感（要知道，你们皇阿玛最恨你们兄弟相残了）；二来可以让兄弟们对他放松警惕。

而且，他还有一个重要的筹码——他的儿子弘历。他故意把弘历带到先皇面前，弘历聪明乖巧，先皇一看就喜欢得不得了，甚至想让他来接管大清的江山。如果把皇位传给胤禛，不就等于间接地传给了弘历吗？

报社编辑 

百姓茶馆

张老太爷

最近有官员上奏,请皇帝废除山西、陕西乐户的贱籍,因为那些乐户的祖先,是明朝时期被加害的忠臣的后代,他们被罚世世代代只能做贱民,现在请允许他们改业从良。皇上(雍正)大笔一挥,批准了,下令在全国范围内废除贱籍。

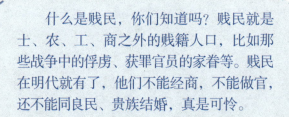
李家公子

什么是贱民,你们知道吗?贱民就是士、农、工、商之外的贱籍人口,比如那些战争中的俘虏、获罪官员的家眷等。贱民在明代就有了,他们不能经商,不能做官,还不能同良民、贵族结婚,真是可怜。

段地主

不是吧!废除了贱籍,那些贱民们就可以去考科举、做生意了,那以后就没人供我差遣了啊,真扫兴!

只可信一半

清朝时候流行着一种陋习,各省官员刚到任时,总要极力描述当地的情况有多么糟糕,等过了几个月,又呈上奏章说,经过大力整改,情况已经如何地好转,来显示自己的才干和政绩。

对这一类事,雍正皇帝十分厌烦,他毫不客气地指出:"只可信一半!"并强调,凡事最重要的是要务实,不欺不瞒,才是一个好官。

在他即位的第二年,河南闹蝗灾。河南巡抚石文焯却上奏说,全省各地的蝗虫已经扑灭得差不多了。雍正皇帝一查,发现根本不是实情,于是将石文焯训了一顿:"如果你不是被下属骗了,你现在就是在欺骗皇上!"

石文焯调任甘肃巡抚后,依然恶习难改。有一年夏天,甘肃大旱,就只有七月下了一点儿小雨。他又上报说:"已是丰收在望,这都是皇上勤政爱民的结果!"

雍正皇帝看不过眼,大笔一挥,批道:"如此大旱,怎么会丰收!你这样夸夸其谈,粉饰太平,实在令人讨厌!"

有一次,雍正皇帝甚至当着百官的面,说:"朕平生最恶虚名,最憎虚诈二字!"

雍正一朝无贪官

康熙末年,很多官员趁着康熙皇帝年老体衰,皇子们又忙着明争暗斗,渐渐变得腐败起来。他们随意向百姓征收银两,克扣国家下发的一些补贴。而这些都是《大清律例》明令禁止的。

雍正皇帝即位之后做的第一件事情,就是整顿吏治。他认为:贪官知法犯法,肯定做不好大事,还不如杀了干净,省得浪费粮食。

雍正皇帝是个行动派,说到做到。大贪官们连招架的工夫都没有,就被抓了起来。他治起贪官来,很有自己的一套,诀窍就是:一罢官,二索赔,三抄家。凡是有贪污行为的,不管是什么人,绝不放过。自己还不起自杀的,他的家人和亲戚帮

着还。最狠的招数是抄家，只要一经核实，就把家产抄得干干净净，连子弟、亲戚都不放过，有的人甚至还被杀了头！

见几位大贪官和他们的子孙人头落地，大臣们一个个都背脊发凉，谁还敢贪呀？

这时候，雍正皇帝又扮起了好人，对于那些敢于讲实情、说实话的官员，大力褒奖，还引为全国官员的典范。他对官员们说："我知道大家过日子都不容易，如果你们缺钱，国家可以给你们一笔养廉补贴！"

官员们畏惧雍正皇帝的铁血政策，见有了大笔大笔的养廉银，也就不再贪污腐败了。

在雍正皇帝的软硬兼施之下，官场一片清明。腐败这一在历朝历代都难以根除的问题，竟被雍正皇帝做得如此彻底，就算得了个"抄家皇帝"的绰号，相信他也不在意了。

勤奋的皇帝

雍正皇帝是一位非常勤奋的皇帝。还没有当皇帝的时候,他就开始思考如何治理国家。当了皇帝后,他的想法就更多了。因为国事太多,而雍正皇帝又不太相信别人能做好,所以事事都亲自参与,甚至亲自动手。

据说,雍正皇帝每天要批阅的奏章,少则一二十份,多则三四十份。他本人做事特别认真,每份奏章不仅仔细阅读,还要写下长长的批语,有的批语甚至比奏章本身还要长。这些批语加起来有整整一千多万字!

每天,雍正皇帝批完奏章,还要处理其他的大事,比如接待王公贵族、外国使臣啦,给太后请安啦,教导皇子啦……这样下来,雍正皇帝每天只能睡两个时辰(4个小时)。只有在自己生日的时候,才会给自己放个假,休息一天。

面对如此繁重的国事,雍正皇帝的身体没有迅速垮掉,还得感谢他爸爸康熙皇帝。要不是康熙皇帝对皇子们的严酷训练,雍正皇帝哪能熬这么久!

当然,有付出就有回报。康熙末年,国库亏空非常严重,只有八百万两银子。雍正时期,国库里银子的数量噌噌噌地往上涨。过了十多年,竟然涨到了六千多万两。

耸人听闻的吕留良案

前一段时间,国内又爆发了一起文字狱。这起文字狱与其他案件不同的是,主犯竟然是个已经死去多年的人。

主犯名叫吕留良,曾是明朝的官员。当年清军入关,大肆屠杀汉人的时候,17岁的吕留良和全家人都参加了抗清斗争。在战争中,吕留良的左腿中了一箭。从那以后,每到阴雨天气,他的左腿就隐隐作痛。

抗清斗争失败后,他的侄儿吕宣忠为了不牵连别人,将"罪名"全部揽到自己一个人头上,最后被朝廷处死。

国仇家恨交织在一起,吕留良对清朝绝没什么好感。虽然顺治年间,

他不得已参加过科举考试，成为生员，但他一直与抗清将领张煌言保持联系。康熙年间，吕留良放弃了做生员的资格，回到家乡隐居起来。

郡里的官员欣赏他的才干，要推荐他入朝为官。吕留良不愿意去，干脆剃光头发，做起了和尚。三年后，吕留良便去世了。

吕留良一生留下了不少著作，里面有很多反清复明的意思，尤其一句"清风虽细难吹我，明月何尝不照人"，表达了他不愿侍奉清朝，一心怀念明朝的意愿。

几十年后的今天，他的弟子曾静因为传播他的思想，并策动川陕总督反叛，被朝廷抓了起来。

朝廷经过一番调查，认为是吕留良的思想在"毒害"人，便把他当成罪魁祸首，不仅将吕家满门抄斩，还把死去多年的吕留良从坟墓里挖出来，剖棺戮尸，并把他的著作全部烧毁。

"酷吏"田文镜

雍正皇帝有四大宠臣，分别是田文镜、陈时夏、李卫和鄂尔泰，被人称为"田陈李鄂"。其中，田文镜因为铁面无私、为官清廉，深得雍正皇帝喜欢。

田文镜是汉军旗人（编入八旗的汉族人），他在康熙年间就做了官，但一直没有得到重用。公元1723年，田文镜奉命去华山祭拜天地，发现山西有严重的灾情。不过山西巡抚怕影响自己的政绩，竟向朝廷谎称山西没有受灾。

田文镜回去后，将山西的情况原原本本地报告了上去，从那以后，他便得到了雍正皇帝的重用。雍正皇帝先是任命他为山西布政使，让他去山西赈灾，接着又提拔他为河南巡抚。就这样，田文镜从一个小官，一下子就做到了一省的最高行政长官。

当时，雍正皇帝的舅舅隆科多仗着拥戴皇帝有功，经常做一些违法的事。雍

正皇帝看在眼里,一直想整治他,可又不知道从哪里下手。满朝的文武百官也不敢惹这个位高权重的国舅爷。

这时,田文镜一纸奏章呈上去,揭发了隆科多的种种罪行。雍正皇帝一看,正求之不得呢,马上将隆科多查办了。从那以后,雍正皇帝对田文镜就更重视了。

雍正皇帝推行严政,田文镜对人对事也极其严苛,几乎到了不近人情的地步,因此,朝廷上上下下都把他称为"酷吏"。

田文镜不仅铁面无私,还非常清廉。他做了将近十年的封疆大吏,可一点儿家产都没攒下来,身上穿的全是清一色的布衣。

不过到了晚年,田文镜就有点"老眼昏花"了。他担任河南、河北总督的时候,河南发生严重的洪灾,百姓们流离失所,生活非常艰难。手下人却欺骗他,说:"发大水的是山东,不是我们河南。"

田文镜信以为真,就没将灾情上报给朝廷。后来又发生了同样的事情,有些大臣对他很不满,就上奏弹劾他。但雍正皇帝对这位老臣非常爱护,并没有责备他,只是向人宣布说田文镜生病了。

田文镜明白雍正皇帝的用意,于是自己辞了官,没多久就去世了。

敢跟上司作对的李卫

康熙年间,李卫花钱捐了个小官,后来他的官越做越大,一直做到了雍正皇帝的心腹大臣。虽然最初的官是花钱买的,但李卫还是有一些真本事的,不然雍正皇帝也不会器重他。

李卫有一个特点,就是胆子特别大,敢跟自己的上司作对。

雍正皇帝还是亲王的时候,李卫就干过一件让人目瞪口呆的事情。那时候,李卫只是户部的一个小官,负责征收赋税。户部有个亲王擅自定了一个规矩:每收1000两银子,就要多收10两。这多出来的10两银子,自然进了亲王的腰包。

李卫知道后,多次向亲王提出抗议。亲王没理睬他,继续中饱私囊。

于是,李卫找来一个大柜子,在上面写了四个字"某王赢钱",摆在走廊里,让路过的人参观。意思是,这个柜子里装的都是某亲王的钱。亲王见了这场面,又气恼又难堪,只好废除了这个规矩。

雍正皇帝也正是看中了李卫的大胆,所以一即位,马上给李卫委派重任,接着连连给他升官。不过,胆子太大也会成为一种缺点,李卫经常恃才傲物,顶撞上司,还在自己的执事牌子上写了"钦用"两个字。有时候雍正皇帝见他做得太过了,就提醒他低调一点儿。

不过不管怎样,雍正皇帝对李卫还是非常信任与重视的。

名人有约

身份：清世宗雍正皇帝

大：大嘴记者　　**胤**：爱新觉罗·胤禛

大：您好！陛下，您的黑眼圈这么重，昨晚又批奏折批到子时吧？
胤：是啊，我恨不得天天晚上不用睡觉！有什么问题快问吧，节约时间！

大（**擦汗**）：那我尽快，请问您40多岁才当皇帝，有何感想？
胤：还有好多事要做啊，再不做就来不及了！我怕没有皇阿玛那么长寿。

大：皇上万岁万岁万万岁！有个问题大家都叫我来问您，请问您是怎么得到皇位的呢？
胤：我自认为是凭我的本事得到的。具体我就不说了，这有关国家机密。通过这件事，我觉得兄弟之间为了皇位自相残杀，实在不值得，所以我将实行秘密立储法。我选好太子后，会把太子的名字写在一道圣旨上，放在乾清宫"正大光明"的匾后。

大：这招实在是"高"，一般人是拿不到的，但如果被武林高手拿到改了呢？
胤：嗯，你想到的我早想到了。我会将另一道相关密旨随身携带，这样我死后，两份密旨放在一起一核对，如果是同一个名字，那这个皇子就可以成为下一任皇帝了。

大：这个方法确实不错，完全可以避免皇子争权的问题了。不知那几个跟您争夺皇位的皇子现在情况怎样了？

胤："顺我者昌，逆我者亡。"即使不亡，也没有好下场。他们有的被革职，有的坐牢，有的被派去守陵，有的发配边疆了。

大：不少女生比较关心八阿哥的状况，方便透露一下吗？虽然我知道他是您的死对头。

胤：我这个对头确实快要"死"了，他现在已经被我圈禁。对于手下败将，没什么好说的，叫那些女生别盲目崇拜这个外表光鲜的"阿其那"（有贬辱之意）了（得意一笑）。

大（暗地里打了个寒战）：那些帮您登上皇位的大功臣，现在应该是荣华富贵享用不尽了吧？比如说您的左膀右臂年羹尧和隆科多。

胤：有些人重用不得。我开始是很信任他们的，后来我觉得这两个人自恃功高，并不把我放在眼里！一查他们果然贪污受贿，你说可恨不可恨？尤其是那个隆科多，他父亲多年前老要求皇阿玛立八阿哥为太子，我早就看他不顺眼了！

大：啊，这么久的事您还记得啊？您是不是太小心眼了？

胤：这叫小心，不叫小心眼！要不是这么多年小心谨慎，这个皇位能是我的吗？无知小儿，不懂就别乱讲话！算了，没时间跟你计较，我还要赶回去批阅奏折呢！

大：好吧，皇上慢走。

广 告 铺

特招令

因皇上过于劳累，龙体欠安，需要休息，但政事又十分繁忙，因此特设立一个临时秘书班子帮忙处理一些紧急军务，并辅佐皇帝处理政务。其官员从满汉大学士、尚书、侍郎等官员内挑选，请各位朝廷命官做好准备。

军机处筹备会

废除腰斩

昨日俞鸿图被腰斩（一种残忍的刑罚）后，用手指蘸着身上的血在地上连写了七个"惨"字，才慢慢地痛苦地死去。这种死刑实在是太残忍了！朕宣布，从今天开始，废除腰斩！

雍正皇帝

解除南洋海禁

到今天为止，南洋海禁已经实施了10年，沿海地区经济萧条，百姓深受其苦。所以朕决定，从今天开始，解除南洋海禁。以前出洋经商的中国人，必须在三年内回国，否则一律开除国籍。

雍正皇帝

第 6 期

〖公元 1735 年—公元 1796 年〗

乾隆盛世

穿越必读 ▶

　　乾隆皇帝是清定都北京后的第四个皇帝,也是最长寿的皇帝。他在位期间,励精图治,开疆拓宇,造出一派"康乾盛世"的景况。可到了晚年,他贪图享乐,宠信贪官,故步自封,盲目自大,使得"康乾盛世"一步步走向衰落。

雍正死得真奇怪
——来自京师的加密快报

公元1735年，宫廷里面突然传来一个消息："雍正皇帝死了！"奇怪，雍正皇帝正当壮年，怎么才当了13年皇帝，就死了呢？

有的人说："雍正皇帝是被一个宫女勒死的。"

有的人说："雍正皇帝是被吕四娘刺杀了！听说雍正皇帝杀了她一家三代后，她立誓报仇，学了一身好武艺，要出入戒备森严的皇宫很容易！"

有的人说："皇上每天要处理那么多国家大事，太辛苦了，他是被累死的！"（大家都知道，雍正皇帝是有史以来最勤政的皇帝，所以这种说法最靠谱。）

来自京师的加密快报！

还有的人说："雍正皇帝想多做几年皇帝，所以他到处找道士给自己炼仙丹。那些道士弄来一些金属、硫黄，一顿乱熬，熬出来就给雍正皇帝吃。雍正皇帝吃多了，中毒了，不死才怪！"［从和硕宝亲王弘历（即清高宗乾隆）一登基，就把那帮道士轰出了皇宫来看，这个说法也比较可信。］

当然，这些都只是传闻，雍正皇帝到底是怎么死的，我们目前得到的消息，只是史官记录的"暴卒（突然死了）"两个字。

回到太阳升起的地方去

编辑们：

　　你们好！

　　我是土尔扈特部的首领渥巴锡。我们土尔扈特部是蒙古族中一个古老的部落。一百多年前，为了争夺草场，族中内部发生了矛盾，再加上沙俄不断侵扰，我们的祖先只好西迁，在伏尔加河流域定居下来。

　　这里的俄国人一直想奴役我们。我们不断反抗、起义，流了很多血，牺牲了很多兄弟姐妹。后来，我们想明白了一件事：要想彻底摆脱俄国的残暴统治，只有一个办法，回到祖国——那个太阳升起的地方去！

　　于是，我们烧掉帐篷和宫殿，组成一支17万人的大军，向祖国出发了。可是，俄国不甘心，一路追杀过来。到目前为止，我们已经损失了成千上万的战士。

　　可是，我们绝不会回头，就像我堂侄说的那样："如果我们回头，每一步都会踩到亲人的尸骨。"

　　我不知道自己能不能活着回去，但就算我死在路上，剩下的土尔扈特人也会回去，回到我们魂牵梦萦的祖国。

渥巴锡

渥巴锡首领：

　　您好！

　　您的来信让我们非常感动。我们早就听说了土尔扈特部的故事。你们虽然远在伏尔加河流域，但你们一直坚决认为自己是中国人。

　　蒙古族各部举行会议的时候，你们不远千里派人参加。你们还躲过了沙俄的盘查，向清朝进贡，并多次配合大清，共同对付沙俄……你们没有忘记祖国，祖国也没有忘记你们，欢迎你们回来！

报社编辑

（公元1771年7月，土尔扈特部终于回到了伊犁西南塔木哈卡伦附近，这时，出发时的17万人只剩下7万人。清政府对这7万人进行了很好的救济和安置。）

皇帝南巡,臣民遭殃

经过康熙和雍正两代帝王的精心治理,清朝的国力大大增强。即位后的乾隆皇帝是一位聪明的皇帝,在他的励精图治下,国家很快繁荣富强起来。

不久,乾隆皇帝听说"上有天堂,下有苏杭",就动了南巡的心思,派大学士讷(nè)亲先去江南查看道路。

讷亲打心眼里不赞成南巡,就回奏说:"苏州城外像一个大坟堆,城里更是河道狭窄,船只拥挤,根本算不上什么风景。"乾隆皇帝只好暂时打消了这个念头。

又过了十多年后,乾隆皇帝见天下太平,便下定决心去江南走走。这一走,老百姓可就遭了殃。

为了迎接皇帝的车马,地方上专门修了一条"御道",并在道路上泼洒清水,恭迎圣驾。还沿途修建了30座行宫,方便皇帝累了休息。

如果走的是水路,为皇上拉船的队伍也颇为壮观,浩浩荡荡有好几千人。除了皇帝、后妃的船外,后面还跟着庞大的王公贵族、文武百官的队伍。

凡是皇上经过的地方,地方官员和百姓都要恭恭敬敬地跪在道路两旁,高呼万岁。

即使在宫外,皇帝的生活水准也和宫中保持一致。茶房里的奶牛不会少,75头;御膳房里的牛羊不会少,牛300头,羊1000头,而且都是从

天下风云

京城里运过来的。皇帝喝的水也是花费了大量人力、物力，专门从远方运来的。

地方官员本来一年到头难得见到一次皇上，有这么一个好机会，当然不会放过。他们一个个挖空了心思，大肆修建园林，四处搜罗奇花异石、山珍海味，只为了讨乾隆皇帝的欢心。

但也有不少正直的大臣看不惯。有一次，乾隆皇帝在苏州见到一株合抱粗的梅树，赞叹不已。大臣博尔奔察却拔出佩刀，做出一副砍树的样子。

乾隆皇帝大惊，问："爱卿为什么要砍树？"

博尔奔察说："臣恨它不生在圆明园，导致皇上长途跋涉，吃尽了苦头。"

还有一次，绍兴的知府为了阻止乾隆皇帝南巡，居然暗中用木料、石头等物阻塞河道，谎报龙船无法通过。

乾隆皇帝知道这事后，大发雷霆，罢了绍兴知府的职位，绍兴当地的百姓们痛哭流涕，自发走上街头送那位知府，一直送出一百多里地。

> **编辑评说**
>
> 从公元1751—1784年，乾隆皇帝一共六次下江南，排场一次比一次大，给人们留下了一个"康乾盛世"的奢华美景，也带来了一股奢侈、腐败的风气。从这以后，贪官横行，官场乌烟瘴气，清王朝由盛转衰。

"中国皇后"要跟中国人做生意

这些年，西方的资产阶级革命进行得轰轰烈烈，不仅是英国人，美国人也想来和中国人做生意。

美国原来是英国的殖民地，他们见英国的最高统治者是女王，就以为中国的君主也是一位女人。他们打听到，中国地位最高的女人叫"皇后"。为了讨好这位"皇后"，于是，他们造了一艘船，命名为"中国皇后"号，开到中国来。

公元1784年，"中国皇后"号装着美国商人的货物，开了整整半年，才抵达了澳门。美国人兴冲冲地向澳门鸣笛致敬，可澳门到处都是葡萄牙人，美国人只好又开了一天的船，这才来到了广州。

广州是清政府特别允许，可以和外国通商贸易的城市。美国人听说，英国人第一次到广州做生意，可以不用交税，就撒谎说自己是英国人。可他们没想到的是，广州商人对英国人的印象很不好，根本不愿意同他们做生意，那些美国人才慌忙解释说："我们是美国人！美国！你们知道吗？是一个刚刚独立的国家。"

美国人比英国人聪明多了，他们来到中国后，不仅遵守中国的法律制度，还认同中国的礼节。于是，中国人也都愿意跟他们做生意。

"中国皇后"号的这次中国之行，为美国赚了近四万美元。这在国际贸易中并不算一个很大的数字，但这却是中国和美国的第一次直接贸易，具有非常重要的意义。

英使来朝，碰了一鼻子灰

公元1793年，英国使者马戛尔尼一行人来到中国，以为乾隆皇帝庆祝80岁大寿为名。据说这时的英国已经进入了资本主义社会，富有而强大。

他们知道中国有上亿人口，觉得这是一个很大的市场，就想和中国人做生意。可这时的中国已经关闭了国门，不再同外国进行贸易。所以他们此行还有另一个目的，那就是请求中国打开国门。

我们中国自古以来就是"礼仪之邦"，等级森严，见了皇帝就要三跪九叩。所谓"三跪九叩"，就是双膝跪地，上身趴下，将额头碰地三次，然后站起来，再跪下去，上身趴下，以头碰地。如此重复三遍，方能允许"平身"，站直身子。

在英国，根本没有"叩拜"这一回事儿。马戛尔尼他们当然不干了，说："我们是英国人，不用遵守你们中国的礼节！"

乾隆皇帝听说了这件事，气得胡子都翘起来了。他大骂着："这些英国人真没规矩！我不见了！"

和珅担心和英国使臣闹僵，出面做了和事佬。经过商量，最后，马戛尔尼他们做出了让步，用脱帽、单膝下跪、深鞠躬的方式，来拜见乾隆皇帝（据说这是他们向女人求爱的礼节），双方这才见了面。

乾隆皇帝派人赏给马戛尔尼他们一对绿玉如意，马戛尔尼他们也回赠了气枪和金表，双方看起来都很友好。

几天后，双方在圆明园举行了会谈。马戛尔尼代表英国提出要和中国通商贸易，并且要清政府提供一块小岛，供英国商人居留等要求，乾隆皇帝虽然年纪一大把了，脑袋却很清醒，他看出了这些人别有用心，拒绝了这个无理要求。

几天后，乾隆皇帝写了一封信给英国国王，信中说："我们国家物产丰富，无所不有，根本不需要外来的货物。但我们考虑到你们对我们的茶叶、瓷器和丝绸等物品的需要，将在澳门设立一个部门，以解决你们的困难。"

马戛尔尼在北京碰了一鼻子灰，只好失望地离开了。据说，他在回国前，收集了大量情报，说我们国家只是"一艘破烂的旧船"，不堪一击。

我们无所不有。

乾隆皇帝自封"十全老人"

所有人都知道,乾隆皇帝是一位非常"自恋"的皇帝,他平时没事的时候,就喜欢到处题字。不管是名胜古迹,还是典藏珍品,他看了都要留下自己的"御笔"。他还喜欢作诗,虽然作得不怎么样,但有一群大臣在身边不断吹捧,乾隆皇帝还真以为自己是个天才诗人了。

到了晚年的时候,乾隆皇帝闲着没事做,就开始进行自我总结,总结的结果是,他一生战功赫赫,有"十全武功"。

是哪十全呢?它们分别是:两次平定准噶尔之战、平定大小和卓之乱、两次金川之役、镇压台湾林爽文起义、缅甸之役、安南之役和两次抗击廓尔喀。

乾隆皇帝掰着手指头,数着自己的"十全武功",非常得意,于是,他自封"十全老人",并且写了一个《十全记》,还叫人分别用满文、汉文、蒙古文和藏文四种文体,刻了一块碑,作为纪念。

从此,中国有个皇帝叫"十全老人"的事情,很快就传遍了世界。

多情石头结奇缘，落魄公子魂归天

这段时间，京城的大街小巷里，不管是贩夫走卒，还是文人雅士，甚至闺房里的大姑娘们，都在谈论一部最新出版的小说《红楼梦》。

这部《红楼梦》讲的是女娲补天时，有块多余的石头被带到凡间，与转世的绛珠仙子及金陵富家小姐薛宝钗之间结下的一段不解之缘，所以这本书又叫《石头记》。很多人读了，都拍手称好，可一问作者是谁，众人都摇头叹息。

这本书的作者叫曹雪芹。他出身于清朝贵族家庭，曾祖父、祖父、伯父和父亲都曾被封为江宁织造，一家三代深受朝廷宠信。曹雪芹的两个姑姑分别嫁给了平郡王和另一位满洲贵族，因此曹雪芹一家也算得上是皇亲贵戚。

不幸的是，曹雪芹10岁那年，雍正皇帝即位，皇室内部纷争严重，曹雪芹一家也受了牵连，被抄了家。从此，曹家走向没落，不久，曹雪芹的父亲就死了，剩下曹雪芹孤苦伶仃的，连饭都吃不上。

很多人听说了曹雪芹的遭遇，都打算资助他，但是，曹雪芹早在乾隆二十八年就病死了。据说他当时饥寒交迫，死得非常凄惨。

"浒（hǔ）"为什么又念"浒（xǔ）"

大家都知道水浒英雄的"浒"念"hǔ"，可是为什么很多人又把它念"xǔ"呢？这不仅仅是因为"浒"字和"许"字长得像，还得怪我们的乾隆皇帝。

有一年，乾隆皇帝出巡，坐船经过一块石头，上面写着"浒湾"两个字。乾隆皇帝玩兴正浓，便指着那两个字说："我们到浒（xǔ）湾去看看吧！"

当地官员一听就愣住了，因为当地人都念"浒（hǔ）湾"，没有谁念过"浒（xǔ）湾"呀！但他很快就反应过来了，乾隆皇帝是满族人，汉文可能不是很好，所以误把"浒（hǔ）湾"念成了"浒（xǔ）湾"。

可是，皇帝念错了字，官员又不敢当面拆穿。于是官员灵机一动，对身边的衙役说："传令下去，叫周围的百姓都散开，让龙舟靠近浒（hǔ）湾。"

这样一来，就等于是委婉地提醒了皇

八卦驿站

帝，这个字念"hǔ"。

乾隆皇帝知道自己读错了字，觉得很尴尬。一个跟着皇帝出巡的大学士想替皇上解围，就凑过来说："那个'浒（xǔ）湾'就是'浒（hǔ）湾'，常有人把'浒（hǔ）'字误念为'浒（xǔ）'……"

大学士的意思是，并不是皇帝一个人才会犯这种错。他本来是想安慰皇帝，没想到，乾隆皇帝一听，以为这个大学士是在故意笑话自己，顿时就生气了。

他大声吼道："什么是把'浒（hǔ）'字误念为'浒（xǔ）'？我说是'浒（xǔ）湾'就是'浒（xǔ）湾'，以后这里只准叫'浒（xǔ）湾'！"

随行官员和当地官员都吓得直哆嗦，赶紧传令下去，让大家都把"浒（hǔ）湾"念"浒（xǔ）湾"。从此以后，这个地方就一直被称为"浒（xǔ）湾"了。字典上的"浒"也成了多音字。

纪晓岚智解老头子

大家都知道,《四库全书》的总纂修纪晓岚很怕热。有一年夏天,北京天气炎热,纪晓岚怕热,就脱了官服,光着上身编书。

这事被乾隆皇帝知道了,决定有意戏弄一下他。有一天,他突然过来看纪晓岚编书,侍从看到皇上走来,慌忙大呼:"皇上驾到。"纪晓岚一慌,眼看穿衣服来不及了,就慌忙钻到书桌底下,躲藏起来。

乾隆皇帝走进来,当然明白是怎么回事了,于是向其他人摆了摆手,静静坐在椅子上。

过了很久,纪晓岚实在憋不住了,就探出头来问:"老头子走了吗?"

刚一抬头,就发现乾隆皇帝正瞪着他呢,吓得他赶紧爬出来叩头谢罪。

乾隆皇帝生气地说:"好你个纪晓岚,居然敢叫朕'老头子'!今天你不给朕解释清楚,朕就砍了你的头!"

眼看脑袋要丢了,纪晓岚擦了擦汗,说:"万岁,您这可就错怪我了!你看人人都叫你'万岁',这不是'老'的意思吗?您是一国之主,这不是'头'吗?老百姓都叫您'天子',这不是'子'吗?这'老头子',是对您的尊称啊!"

乾隆皇帝立刻转怒为喜,说:"好你个纪晓岚,不愧是大才子!"

和珅——天下第一大贪官

这年头,在大街上随便拉住一个人问,天底下第一大贪官是谁?他一定会告诉你,是和珅(shēn)!

和珅是乾隆皇帝的宠臣。官场上的人都知道,犯了罪不要紧,只要拿着足够的银子去找和珅,让他在皇帝面前给你"美言"几句,就大事化小,小事化了了;想当官的,没文化不要紧,只要拿着银子去找和珅,就没有办不了的事。

和珅贪得无厌,不仅大量收受贿赂,就连国家和皇室的钱他也敢贪。和珅掌管的是财政,各地向皇帝进贡的珍宝,都要经过他的检验。和珅挑出里面最好的,自己留下,剩下的才送进皇宫。

有一次,七阿哥一不小心,把乾隆皇帝心爱的碧玉盘打碎了,吓得直冒冷汗。成亲王就给他出了个主意:"你去求求和珅,让他给你弄一个补上。"

兄弟俩赶紧去找和珅,和珅故意装出一副为难的样子:"这玉盘可是个宝物啊,我上哪儿去给你弄呢?"

七阿哥一听,吓得都哭了。成亲王把和珅拉到一个偏僻的地方,说了不少好话,和珅这才勉强答应试试,并约定第二天在某处会合。

第二天,兄弟俩赶到会合的地方,见和珅已经拿着玉盘等着了。他手里的玉盘竟然比七阿哥打碎的那个更大更好。

从这以后,皇宫里很多人都知道和珅私吞贡品的事了。

(编者注:上述故事为和珅的轶闻趣事,有待考证。)

名人有约

特约嘉宾：和珅

身份：首席大学士、军机大臣

大：大嘴记者　和：和珅

大：和大人您好！早就听说和大人仪表不凡，今日一见，果然名不虚传啊！
和：我说大嘴记者，你来采访我，应该意思一下吧！

大：和大人，我这是在为您宣传呢，您怎么反倒向我要钱呢？再说我只是个小记者，社长不疼总编不爱的，一个月工资才不到五两银子。
和：傻小子，要讨上级喜欢，问我啊！我诀窍多得很。

大（拍了拍脑门）：就是，您可是搞定了乾隆皇帝啊！您是怎么搞定的啊？快教教我。（见和珅不理）等采访完了，我把这次的稿费全给你。
和（马上喜笑颜开）：这个嘛，搞定上级第一条，要把上级当作父亲一样伺候。上级生病，要像孝子一样伺候；上级说话，要像孝子一样乖乖听着……

大：原来您是这样伺候乾隆皇帝的啊？
和：我还没说完呢！搞定上级第二条，要摸透上级的喜好。上级喜欢作诗，你也要会作诗；上级喜欢游山玩水，你就不能当宅男……

大（汗）：唉，我可做不到这样啊！
和：搞定上级第三条：全方位地展示自己的才华，这一点可不好把握啊！

名人有约

这要求你既要有一定的才华,又不能比上级有才华。

大:那和大人精通满、汉、蒙、藏四种文字,皇上岂不是懂得更多种?
和:那是自然了。你可不能表现得比上级懂得更多。

大:听说您很孝顺夫人的父母,也是做给皇上看的吗?因为皇上是个孝子。
和:我自小父母双亡,夫人的父母就是我的父母,这难道也有错?

大:可大家都说您利用皇帝对您的宠信,贪污了不少钱。
和:我那不叫贪污,叫理财!哎,你们不懂的啦!我刚进官场那会儿,也是不懂"理财",结果两袖清风。不过有一次,我处理了一起重大的贪污案件,从中捞到了不少好处……这才明白权力是个好东西,不用白不用啊!

大:皇上认为您这事办得不错,还将公主嫁给了您儿子呢!那您现在家里到底有多少钱呢?
和:真金白银什么的,大概有个几千万两吧!

大:几千万两!!!政府一年的财政收入也就一千多万两白银……
和:有什么大惊小怪的。要不是我善于理财,国库里恐怕连一千多万两都没有呢!我前几任就因无能,被罢职了。所以啊,皇上想风风光光游江南,还得靠我和珅啊,哈哈!

大:……好吧,我不想再说什么了,再见。

广 告 铺

请求书

我们是澳门一个渔村的渔民，这些年，我们村子里盘踞着一大群葡萄牙人，这些大个子外国人抢了我们的房子，还逼我们为他们做事，甚至想在这里插上他们的国旗。

身为大清国的子民，我们也想组织起来反抗，但他们手里有洋枪洋炮，我们根本打不过。还请朝廷赶紧派兵过来攻打他们，把他们赶出去吧！

澳门渔民

《四库全书》编修通告

《四库全书》是我国目前规模最大的一套丛书，分为经、史、子、集四部，囊括古代所有的图书。为了维护清朝统治，各位学者在收集资料的过程中，凡是不利于本朝统治的书籍，不管写得有多好，都不能收录进来；凡是反对清朝统治的书，都要统统烧毁。

《四库全书》编纂部

千叟宴举办通知

如今天下太平，百姓安居乐业，朕决定举办一次千叟盛宴。凡年满60岁，不论是官是民，还是外藩的代表，都可以前来参加。到时朕将与朕的皇子皇孙们与你们欢聚一堂，特此昭告天下。

乾隆皇帝

智者第❷关

1. 康熙时期，是谁口出狂言"圣上君南方，我长北方"？
2. 噶尔丹是哪个部落的首领？
3. 康熙皇帝一共几次亲征噶尔丹？
4. 康熙时期，土尔扈特部远迁到了哪里？
5. 宣布"盛世滋丁，永不加赋"的是哪个皇帝？
6. 公元1713年，康熙皇帝授予西藏五世班禅什么称号？
7. 雍正皇帝的四大宠臣分别是谁？
8. 雍正皇帝的四大宠臣中被称为"酷吏"的是谁？
9. 给官员发"养廉银"是从哪个皇帝时期开始实行的政策？
10. 雍正皇帝在户籍方面做出过什么贡献？
11. 是谁平定了大小和卓之乱？
12. 领着土尔扈特人回归中国的首领叫什么？
13. 《四库全书》是由谁主编的？
14. 乾隆时期著名的大贪官叫什么？
15. 哪个皇帝自封为"十全老人"？
16. 以马戛尔尼为首的英国使臣真的是来给乾隆皇帝贺寿的吗？
17. "中国皇后"号是哪个国家的船？
18. 《红楼梦》的作者是谁？

第 7 期

〖公元 1796 年—公元 1820 年〗

平庸无能的嘉庆皇帝

穿越必读

　　清仁宗嘉庆亲政的时候，国内百姓频频造反，国外洋人虎视眈眈。嘉庆皇帝的悲剧就在于他是一个平庸的皇帝。面对清王朝的衰落，他把所有的问题都归到了和珅的头上，却没有从其他方面找原因。

　　这段时期，清朝内忧外患，危机四伏，嘉庆皇帝实在是一个悲剧的皇帝！

和珅死在大牢里
——来自京师的加密快报

公元1799年2月，继乾隆皇帝驾崩后，又一个轰炸性的消息传来——大贪官和珅在天牢里自尽了！这是怎么回事呢？

原来，嘉庆皇帝看不惯和珅作恶多端，早就想除掉他，可那时乾隆皇帝还活着，嘉庆皇帝担心会惹恼皇阿玛，所以一直忍着。直到半个月前，乾隆皇帝驾崩了，嘉庆皇帝正式亲政，这才趁着给皇阿玛办丧事的机会，果断下手，把和珅关进了大牢，并赐他自尽。

有人说，嘉庆皇帝的动作也太快了吧，他的皇阿玛尸骨未寒，就把老爸宠信的人给杀了。据说当年和珅得知嘉庆皇帝被立为太子后，还特意派人给他送过一个玉如意来讨好他。送玉如意的人回来说，太子的脸色很不好看，和珅就知道他要对自己动手了。

可和珅太大意了，他还以为，嘉庆皇帝至少会等到乾隆皇帝下葬以后，才会来处理自己呢！

后来嘉庆皇帝自己说，和珅这只老狐狸，诡计多着呢，为了防止夜长梦多，还是早点儿了结他好！

就这样，乾隆皇帝一死，和珅作为他的宠臣，也去见主子了！

嘉庆皇帝从他家里抄出两亿多两白银，在加上其他财产，总数相当于清政府国库十多年的收入总和！

来自京师的加密快报！

乾隆皇帝主动退位，却不愿意交出玉玺

嘉庆皇帝不是早在公元1796年就即位了吗？为什么到1799年才亲政呢？这得从他的父亲乾隆皇帝身上找原因。

乾隆皇帝68岁的时候，说过一句话："我爷爷康熙当了61年的皇帝。我要是能活到85岁，做满60年的皇帝，我就心满意足了。到时候，我就自己退位！"

乾隆皇帝很长寿，还真的活到了85岁，而且身体还很硬朗。大臣们想起他曾经说过的话，不禁怀疑起来：皇上真的会自动退位吗？

没有人敢去提醒皇帝，倒是乾隆皇帝自己比较自觉，公元1795年，他把皇十五子颙琰立为太子。第二年又为太子举办了隆重的传位大典。

据说乾隆皇帝在退位时，并没有很痛快地交出玉玺。虽然他已经下了诏书，决定退位。可他那时候身体还很健康，还没有过够当皇帝的瘾。

传位大典在紫禁城隆重举行，文武百官分别站立两旁。朝鲜、暹（xiān）罗

绝密档案

（今泰国）、缅甸和安南（今越南）等属国也派来使臣，恭贺新帝登基。

乾隆皇帝看到这么壮观的场面，更加舍不得自己手上的权力了。所以，当金凤颁诏之后，乾隆皇帝突然对身边的侍臣说："现在不要把玉玺交给皇太子，只念念诏书，让大家知道我传位了就行！"

这下可把礼部的官员给吓坏了，不传玉玺，就是不愿意把皇权交出来呀！新皇帝登基，权力还在太上皇手里，典礼根本就没有意义嘛！

大家好说歹说，乾隆皇帝就是不愿意交出玉玺，还像个小孩子一样，死死地把玉玺护在身边，不让人碰。

最后，有几个大学士壮着胆子对乾隆皇帝说："皇上，您这么做，让天下人知道了，一定会笑话您食言的！"

就这样，虽然乾隆皇帝退了位，做了太上皇，颙琰成了嘉庆皇帝。不过，乾隆皇帝依然管理着朝廷大事，只让嘉庆皇帝处理一些平常事务。因为他担心皇帝太年轻，处理不好国家大事，所以就先让他实习一下。直到三年后乾隆皇帝去世，嘉庆皇帝才正式亲政。

给一个死囚犯的回信

编辑：

　　你好！

　　我叫陈德，出生在京城，一直都是给有钱人家当仆人。

　　前几年，我的父母死了，妻子也死了，岳母瘫了，我上有老下有小，碰到这种事，心中苦闷，就多喝了几杯，结果被主人赶了出来。

　　丢了工作，一想到全家人就要饿死了，我觉得这一切都是那狗皇帝造成的，于是趁着天黑，带着刀，摸进了神武门，去行刺皇帝，结果被人发现，抓进了大牢。

　　现在，他们要去抓我的两个儿子，把我们三个一起凌迟处死！

　　我一个人死了就死了，可我的儿子们还小，求你们帮帮我吧！

陈德

陈德：

　　你好！

　　收到你的求助信，我们编辑部的女生都哭了起来。我们同情你的不幸遭遇。可我们对你的行为也很气愤。一遇到困难，你就如此极端行事！你为什么不打起精神来，重新找一份活干，养活自己和家人呢！

　　现在你祸也闯了，说什么都晚了。你犯下了株九族的大罪，我们也没有办法帮你。我们只能建议你，尽量把责任揽到自己身上，少让别人牵连进来吧。

报社编辑

（几天后，陈德被残忍地凌迟处死，接着，他的两个儿子也被绞死了。）

又一个贪官被砍头

公元1809年夏日的一天,是一个让山阳县百姓又开心又难过的日子。开心的是,贪赃枉法的知县王伸汉被砍了脑袋;难过的是,那个为了山阳县百姓的利益而被王伸汉害死的清官李毓(yù)昌,再也活不过来了。

这一年,江苏山阳县遭受了严重的水灾,朝廷发下了不少救灾款,却被黑心的县令贪污了。嘉庆皇帝派李毓昌到山阳县去监督赈灾。

李毓昌为人正直,一到山阳县,立刻着手清查赈灾银两的去向。一开始,王伸汉想要用万两白银贿赂李毓昌,却被他义正词严地拒绝了。

当王伸汉得知李毓昌要告自己时,就花重金买通了李毓昌的仆人,用砒霜把李毓昌毒死,并用绳子把李毓昌的尸体挂在屋梁上,谎称他是自杀的,以为可以蒙混过关。

李毓昌的家人伤心欲绝,来收拾他的遗体和遗物,没想到,竟然发现了一份写着王伸汉罪状的奏折。

李毓昌的家人悄悄把这份奏折带到京城,呈给了嘉庆皇帝。嘉庆皇帝大怒,马上派人查清此案。王伸汉抵赖不过,只好认罪。

现在,王伸汉被斩首示众了,可是就算他死了,也无法把那个刚正不阿的李毓昌给换回来了。

天理教攻进了皇宫,是树木惹的祸

公元1813年9月,嘉庆皇帝正在热河围猎。

这时,有人从京城送来急报,说京城里有一小股天理教(白莲教的一支)势力造反了。他们趁皇帝不在,攻进了紫禁城,杀了很多侍卫,还把反旗插在了城楼上!

嘉庆皇帝一听,又惊又恼,只好火速赶回京城。

好在天理教徒人数不多,经过一番激烈的战斗,禁卫军把他们赶出了皇城,并逮住了七十多名"逆贼",嘉庆皇帝下令将他们一一处死。

尽管最后大获全胜,嘉庆皇帝还是觉得面子上挂不住,因为天理教攻入紫禁城,这是历朝历代从来没发生过的事情!再回想上次宫内有人行刺的事件,看来老百姓对现在朝廷的统治,已经越来越不满了。

可是,戒备森严的紫禁城,怎么会被天理教徒给攻进来呢?

是因为出了内奸,还是禁卫军战斗力薄弱,让反贼钻了空子?面对立下大功的禁卫军将士们,嘉庆皇帝又不好去追究他们的责任。

于是,宫里出现了一幕可笑的场面:所有的树木都被砍光了!因为嘉庆皇帝认为是它们坏了皇宫的风水,才将反贼引了进来!

英国使者再次碰壁

公元1816年，在东印度公司（英国为了处理殖民事务而设立的一个机构）的建议下，英国政府第二次派出使团，到中国来了。

使团的代表叫阿美士德。他们这次来中国，主要是想让清政府废除公行制度（也称官行制度，即由官方充当中外贸易的中介），进行自由贸易，并多多开放商埠。

当他们来到天津，要求晋见中国皇帝时，当地官员倒是表示了热烈欢迎。不过，官员要求英国人见皇帝时，必须行"三跪九叩"大礼。可阿美士德只愿意脱帽三次，鞠躬九次。就这样，双方就礼仪问题僵持住了。英国人在京城附近的通州滞留了好一段时间。期间，清朝官员不断游说他们行叩头礼，可都被拒绝了。

最后，阿美士德做出让步，用"单膝下跪低头三次，并重复动作三次"代替三跪九叩。嘉庆皇帝听大臣说，英国人练习叩头已经有所长进，决定在颐和园召见他们。

可阿美士德使团一路颠簸，到达京城后要求先休息休息，喘口气再说。官员不知道该怎么办，干脆向嘉庆皇帝禀报，说阿美士德生病了，不能拜见皇帝。结果嘉庆皇帝以为英国人太傲慢，一气之下就取消接见，还叫人把他们赶出京城。

就这样，阿美士德连嘉庆皇帝的面也没见着，就灰溜溜地回去了。听说，阿美士德因为这件事，在英国名声大噪呢。

《渊深海阔》哪里去了

嘉庆年间，象棋已经很普遍了。很多人都喜欢下象棋，京城的胡同里，四合院儿里，到处都有人摆着桌子"杀阵"（下象棋）。

有个叫陈文乾的人，他家里很穷，可他很迷下象棋。有意思的是，他还喜欢把民间流行的各种棋局，尤其是一些无法破解的残局收集起来，然后拿笔画出来，编成一本棋谱。

他对自己的成果非常满意，就想把这本书印出来，让更多的人看到。可印刷成本太贵，他家里又很穷，根本付不起印刷费，无奈的陈文乾只好成天唉声叹气。

有一天，一个朋友到陈文乾家里来找他下棋。陈文乾就把自己手绘的棋谱拿给他看。朋友看了之后，感叹说："这本棋谱真是渊深海阔呀！"

陈文乾正愁棋谱没有名字，听了朋友的话，就决定叫它《渊深海阔》，意思是棋谱里包含的知识像大海一样渊博、广泛。

给棋谱取好了名字后，陈文乾开心了好几天，逢人就拿出来炫耀。人人都称赞《渊深海阔》是一本绝世棋谱，争着抢着借去看。可是，陈文乾还是没钱把棋谱印出来，很快他又变得闷闷不乐了。

后来，陈文乾在郁闷中死去了。陈文乾死后，就再也没有人见过《渊深海阔》。很多人想一睹这本棋谱的风采，就四处打听它的下落。有人说，这本绝世棋谱被陈文乾的后人藏起来了；还有人说，陈文乾舍不得它，让子孙把书埋在了自己的棺材里。

可这些都只是传说，《渊深海阔》到底去哪儿了呢？这成了一个谜。

不扇扇子的嘉庆皇帝

夏天天气炎热，人们消暑，通常有两种方法：一种是找个凉快点儿的地方待着；另一种就是扇扇子。

承德避暑山庄就是专供皇帝避暑的场所，自从康熙年间建成之后，清朝的皇帝们每年夏天都要到那里去住上几个月。皇帝到了承德，办公地点就搬到了承德，大臣们也经常被召到承德避暑山庄里面去商议事情。

有一天，嘉庆皇帝召见了一个叫杨怿会的大臣。杨怿会穿着朝服，热得满头大汗，掀开珠帘走进屋去，正好看见嘉庆皇帝在拼命地摇扇子呢！

杨怿会心想：还是做皇帝好，随时随地都能扇扇子。

奇怪的是，杨怿会一进去，嘉庆皇帝就把扇子收起来了。

俩人谈了很久。杨怿会看嘉庆皇帝明明热得满脸通红，却有扇子不扇，觉得好笑，最后实在忍不住了，就问："皇上，您都热得汗流浃背了，为什么不扇扇子呢？"

嘉庆皇帝笑着说："杨爱卿也热，朕怎么能一个人扇扇子享受呢？"杨怿会听了非常感动，从此办事更加忠心了。

名人有约

身份：嘉庆皇帝

大：大嘴记者　琰：爱新觉罗·颙琰

大：你好！有人说，你是一位承上启下的皇帝，上承康乾盛世，下启清王朝的衰落之势，你有何看法？

琰：这简直是在污蔑朕！

大：怎么会是在污蔑你呢？你看，清王朝从你这儿开始，就变得衰败起来。人民起义、外国入侵都赶着一块儿来了。

琰：这个……朕的确有罪……可是，这也不能全怪我啊！我一直延续着老祖宗勤恳治国的精神，生活上也从不铺张浪费，还有哪里做得不好呢？

大：你看着也确实不像一个昏君，可是你也没做出点儿成绩来呀！

琰：我……我要做出什么成绩来？

大：比如说，多替老百姓着想，改革一下赋税制度，或者组建一支水军！你也知道，英国人对大清朝的国土眼馋着呢！

琰：你说赋税？上次安徽省报上来的赋税，足足有三百万两！我一看就知道是造假虚报，赶紧让他们减掉了四成！这还不算是替老百姓着想吗？而且我还下了口谕啊——损上益下，让官员们多给百姓留点儿粮钱，我们少收点儿赋税没关系！

大：呃……这事儿我也听说了，你处理得不错。可你不过是随口说了一

125

名人有约

　　句话，说完也没人去监督，那些官员也不会遵守！就算抗旨你也不知道！

琰（**若有所思**）：这倒也是……回头我再琢磨琢磨。刚刚你说到组建一支水军，对付英国人？那还不简单，我们在岸边架上大炮，打得他们上不了岸！

大：人家的大炮比咱先进，如果人家的大炮把咱们的大炮给轰了，咱们还拿什么打人家？

琰：这个……那我们改进大炮，装很多火药。

大：这个靠谱！那再造几艘大船怎么样？造了大船，像英国人一样把大炮安在船上，开到海上去打败他们。

琰：这个……我们造得出来吗？

大：当然可以了！英国使臣第一次来的时候，不是送给咱们大清一个战舰的模型吗？照着做一个货真价实的就好啦！

琰：那是英国进献给先皇的贡品，已经被锁起来了，不能随便拿出来的。

大：……那你去找几个工匠，看能不能找到明朝造船的草图……

琰（**戒备的眼光**）：找明朝造船的草图干吗？

大：你不知道吗？明朝在郑和下西洋的时候，就能造百丈长的大船了！你们可以学习一下明朝是怎么造船的呀！

琰（**翻脸**）：叫我大清朝学习明朝！真是笑话！说，你是不是明朝的遗臣？你来这里的目的是什么？

大：我我我我……我不是……我只是一名记者……

琰（**大怒**）：还敢狡辩！来人呀！抓起来！

（大嘴记者见势不妙，夺路而逃，虽然捡回了一条小命，却从此对采访清朝皇帝都心有余悸！）

广告铺

寻物启事

本人是八旗子弟，前不久家里丢了一副玉质象棋。玉是青绿色的，棋子和普通象棋大小差不多。这副象棋是康熙皇帝赐给我爷爷的爷爷的爷爷的爷爷的，非常珍贵。请捡到这副象棋的人，马上将象棋还到我的府上来，不然，要是被我查出来，保准让你们吃不了兜着走！

猛猛

招抚起义军

近年来，很多善良的老百姓被人煽动造反，朕看了十分痛心。朕想劝告你们，不要被那些居心叵测的人利用，只要你们归顺朝廷，朕绝不为难你们。对于有才能的人，朕还可以封你们官做；但对于那些执迷不悟的人，朕绝不手软。

嘉庆皇帝

求购三合院

现在京城的人口越来越多，地价和房价也越来越贵。如今，只有有钱人才住得起四合院，像我们这种条件的人家，只能买三合院，还是二手的。谁有便宜的二手三合院要转卖，请跟我联系吧。

某茶商

第8期

〖公元 1820 年—公元 1850 年〗

第一次鸦片战争

穿越必读 ▶

　　道光皇帝在位时，清王朝日趋衰败。英国侵略者不仅煽动新疆民族分裂分子叛乱，还不断走私鸦片，毒害中国百姓。为了打击英国人的嚣张气焰，林则徐在虎门销烟。公元 1840 年，第一场鸦片战争爆发，清军战败，被迫签订了丧权辱国的《南京条约》。从这以后，中国沦为了半殖民地半封建社会。

烽火快报

嘉庆皇帝突然驾崩
——来自避暑山庄的加密快报

公元1820年，嘉庆帝带着皇子、大臣、嫔妃与侍从，浩浩荡荡开赴木兰围场行围射猎。前往木兰围场的第一站是承德，要走7天的路程。嘉庆帝在这期间耗费了很大的体力，而且路上还要处理政务，身体十分疲劳。几天后，嘉庆帝一行人到达了广仁岭，虽然身体欠安，但心情很愉快，一时心血来潮，决定弃轿换马。已过60岁的嘉庆帝这一番运动之后，身体更加虚弱了。第二天，他身体再也支撑不住，陷入昏迷，当晚便在避暑山庄去世了。嘉庆帝死后，热河行宫立即封锁消息，避暑山庄大门紧闭，限制人员出入。两天后，留京的王公大臣才得悉噩耗。道光帝旻宁按照嘉庆帝的遗诏，继位登基。

因为嘉庆帝是突然暴毙，所以向天下人颁布的遗诏，以及后来编成的实录，都没有提及嘉庆的死因。这难免令人议论纷纷。记者在民间就听到了一个说法，称嘉庆帝是遭到雷击而死的。人们说嘉庆帝到达承德避暑山庄后，就带着大臣和侍卫去打猎，但只打到几只野兔。嘉庆帝非常扫兴，决定回避暑山庄。结果在回来的路上变了天，雷电交加，一个响雷正好把嘉庆帝劈死了。不过记者认为这个说法有点儿荒诞，不足为信。至于官方消息则说先帝因为长期操劳，才暴病身亡的。

来自避暑山庄的加密快报！

该向皇帝要赏赐吗

编辑们：

你们好！

先皇（嘉庆皇帝）驾崩的那一年，新疆有个叫张格尔的人，在英国侵略者的支持下，煽动维吾尔族老百姓叛乱。我和几位将军带兵浴血奋战了好几年，才抓住他。

当今皇上（道光皇帝）很高兴，就请我们几位将军吃饭。能跟皇上吃饭是我们做臣子的莫大荣幸，可饭桌上却只摆了几个青菜，而且规定我们每人只能吃两碗饭！

我们都是武将，能吃能喝，几筷子下去饭菜就没了！大家不敢吱声，也不想走，因为就算吃不饱饭，多少得给点儿赏赐吧？

可我们干巴巴地在那里坐了半天，皇上一点儿赏赐的意思都没有。我们该怎么办？我们能去向皇上要赏赐吗？

扬威将军长龄

长将军：

您好！

首先，我代表整个编辑部，对您和其他平定张格尔叛乱的将士表示敬重！

您说的事，我们已经跟皇上身边的公公打听过了，他偷偷告诉我们，说皇上为了省钱，自己的晚饭都只吃一个烧饼，能给你吃几个小菜，已经很不错了！所以，您就不要介意了。

其次，我很遗憾地告诉您，皇上不是忘记了赏赐你们，而是他根本就没想过要赏赐你们！可以说，道光皇帝是一个不折不扣的吝啬皇帝。所以，你们不要再妄想拿到赏银了，还是先想想怎么保障将士们的基本生活吧！因为据估算，你们镇守新疆至少需要上万人，这么多人的生活费和军饷可不是一个小数字。

报社编辑

英国向中国开战了

虽然中英两国一直在下跪不下跪，磕头不磕头的游戏中拔河，但生意还是得继续做。有生意就会有摩擦、有纠纷。可中国人和外国人有了纠纷，清朝官员不愿管，那外国人他们就自己管。

公元1833年，英国成立了一个刑事与海事法庭，来管理这些事，总监是律劳卑勋爵。第二年，律劳卑来到中国澳门，求见巡抚，结果吃了个闭门羹。

没过多久，清朝颁布法令，对英国商品实行禁运，还命令所有在广州的英国商人一律离开广州，前往澳门。

律劳卑愤怒了，他向英国提出对华使用武力，说："弓箭、长矛和盾牌组成的军队，怎么能敌得过久经沙场的英国战士！"

是啊！这确实是个值得正视的问题。英国的战火连年不息，我们清朝却历经了一百多年的和平年代，他们怎么会善罢甘休呢？

不久，英国的军舰果然开进了虎门。虎门炮台有60多

门大炮，但这些大炮都固定在炮台上，而不是炮架上，所以根本无法瞄准。

据说敌人的首领看了，说那更像烟花而不是大炮，甚至干脆把椅子搬到甲板上，一边晒太阳，一边指挥战斗。就这样，清军的虎门炮台被英军彻底摧毁，英军却只付出了2人死、5人伤的代价。

但清军怎么会这么容易被打败呢？就在英军得意扬扬地沿江向广州驶去的时候，清军调动十几条驳船装满石块，上百只小木筏子装满火药，堵在虎门江口，把英国的军舰牢牢困住了。

当中国人敲锣打鼓地庆祝胜利时，气急败坏的律劳卑像个囚犯一样，被"押"去了澳门，不久就病死了。

林则徐虎门销烟好威风

公元1839年6月3日,虎门海滩人山人海,水泄不通。人们敲锣打鼓,放着鞭炮,欢呼着:"烧洋鬼子的大烟了!烧洋鬼子的大烟了!"这就是著名的"虎门销烟"事件的现场。

其实,"大烟"(也就是鸦片)早在雍正时期就已经输入中国了。这个东西不仅有害健康,还容易使人上瘾,危害生命。为此,前朝皇帝都严厉禁止进口鸦片。

可到了道光皇帝这一代,政治腐败,民不聊生。由于清朝实行闭关锁国的政策,在跟中国贸易的过程中,英国人很不挣钱,于是他们趁机疯狂地向中国走私鸦片,仅1839年一年,就输入鸦片4万多箱!据不完全统计,大清朝吸食鸦片的人已经达到了200多万。

面对如此严峻的形势,林则徐忧心忡忡,向道光皇帝上奏折说:"如果再不把这个当回事,那么几十年之后,咱们中国就没有能够打仗的兵,也没有军费了。"

当时,广州是唯一对英国开放的城市,鸦片交易量十分惊人。道光皇帝便采纳了林则徐的建议,任命他为钦差大臣,到广州去禁烟。

林则徐到达广州后,在两广总督邓廷桢的配合下,查封了广州所有鸦片商铺,命令他们交出所有的鸦片。

刚开始时,洋人们还不当一回事,以为林则徐和以前的贪官一样,想贿赂他。林则徐严厉拒绝道:"鸦片若是一天没有断绝,我就一天不回!

天下风云

我一定要把这个事进行到底,绝不半途而废!"

当鸦片商人对林则徐置之不理时,愤怒的林则徐派人包围了外商的商馆,商人们只好上缴了所有的鸦片。

1839年6月3日,林则徐将收缴的200多万斤鸦片,统统运到了虎门海滩。他命人在海滩的高处,挖了两个方形的大池子。池子后面有一个水沟,可以往里灌水;前面有一个涵洞,直通大海。

销烟时,先往池子里灌入海水,再把鸦片切成块,丢进海水中浸透,然后把一担担石灰倒进水池子里。没多久,池子里就沸腾起来,鸦片都跟着焚化了。等到海水退潮的时候,打开涵洞,池子里的鸦片渣子,也就被海水统统带走了。

嘿嘿,知道我们的厉害了吧!

就这样,在成千上万的中外群众面前,那200多万斤的鸦片,经过整整23天,终于被全部销毁了。

这次壮举,向全世界展示了我们中国人的威仪,同时也大大灭了外国侵略者的威风。林则徐成了我们当之无愧的民族英雄。

百姓茶馆

某木匠

洋人们都说"鸦片"是一种奇妙的药物，有安神、安眠、镇痛、止泻、止咳、忘忧的效果，是真的吗？

柳大夫

鸦片是有止痛效果没错，但是，这玩意儿对人身体的危害也非常大。抽了还会上瘾，一旦停下来，人就会烦躁不安、厌食、拉肚子、手脚发抖、抽筋，严重者还会当场毙命。

陈铁匠

是呀！再说鸦片又贵，穷老百姓为了能买到鸦片，只能砸锅卖铁地凑钱。听说，东街卖鸡蛋的老孙为了买鸦片，把房子卖掉了；西街卖豆腐的老钱，把自己的老婆、孩子都卖掉了！这鬼鸦片，真是害人不浅啊！

李侍卫

呸！可耻的烟贩子！他们竟然想用鸦片毒害中国人，良心真是坏透了！幸好咱们有林大人，把他们的鸦片全都烧光了，真是大快人心！

天下风云

一次杀人事件引起一场鸦片战争

公元1839年7月7日,一些英国水兵在中国香港酗酒闹事,打死了一名村民。林则徐知道了,二话不说,要英国交出凶手,杀人偿命。英国拒不答应,并找借口,将武装船舰开到穿鼻洋,向中国发起挑衅。广东水师提督关天培率领海军进行奋勇还击,英军落败。

公元1840年,英国政府命懿律率领4000名英国士兵,组成"东方远征军"来到中国。侵略者开着装有540门大炮的舰队,一直开到广东海面,用火力封锁了珠江口,向清政府示威宣战。

林则徐早就知道洋人不安好心,所以他早就率领广州军民做了军事准备,并且狠狠地还击了嚣张的侵略军。

英国侵略者被打了个落花流水,赶紧带着余下的军队,狼狈地离开了广东海面。可他们仍然不甘心,就沿着海面向北边开去,一路骚扰沿海城市。由于官员腐败,这些城市里的军队大多

天下风云

不堪一击，所以让侵略者一路打到了天津。

天津离京城非常近，道光皇帝吓坏了。他知道英军的总部在广州，就派了一名叫琦善的大臣到广州去，代表清政府和侵略者谈判。

英军说，他们之所以打过来，是因为林则徐烧毁了他们的鸦片，只要惩罚了林则徐，他们就退兵。琦善居然相信了英国人的话，上书道光皇帝，弹劾林则徐。

林则徐受到处分，离开了战斗前线。英国军队赶紧加大火力，攻打清军，最后毫不费力地先后占领了厦门、镇江等地。

清政府看形势不妙，决定求和。这一求和，就等于战败了，等于投降了！

公元1842年8月29日，中英双方签署了中国第一个不平等条约《南京条约》，主要内容有：中国向英国赔款2100万两银圆；香港岛割让给英国；开放广州、福州、厦门、宁波、上海五处为通商口岸。从此，中国沦为了半殖民地半封建社会。

皇后大寿，一人一碗打卤面

据说，道光皇帝登基后，立刻发表了一封"节俭宣言书"，要求皇宫严格控制娱乐消费。按照宣言书里说的，皇宫从此就不过节了——因为过节要花钱。皇宫里面元旦、元宵节、中秋节等，统统都没有了，连皇帝和皇后过生日，也不再开聚会了。

皇帝这么节约，皇后当然也要跟着一起省钱。每天下午四点钟，皇后就打发太监出宫买烧饼，买回来烧饼凉了，就烧一壶热茶，和皇帝喝着热茶啃着一个冷烧饼，晚饭就算解决了。

皇帝对皇后的节俭做法很满意，破例在她40岁生日时，给她办了一个生日宴会。皇亲国戚和大臣们很多年没有参加过皇宫的聚会了，都送了很珍贵的礼物来。送完礼，大家坐下来等着吃饭。

开饭的时间到了，太监端给每人一碗打卤面，面上摆着少得可怜的几块肉片，大家面面相觑（qù）。吃完打卤面后，大家都不敢走，总得说点儿什么啊！于是大家就夸赞刚才那碗面是世间难得的美味。

道光皇帝听了很是得意，高兴地说："那当然啦！我今天特别批准御膳房杀了两头猪呢！"

看道光皇帝特意把"两头猪"说得非常重，好像是下了多大的血本儿似的，大家只好又将这碗面称赞了一遍。

说实话，道光皇帝平时自己都舍不得吃肉，杀两头猪对于他而言，的确是破天荒了！

不信看看道光皇帝的画像，瘦得几乎就只剩骨头架子了。他连饭都吃不饱，怎么可能经常吃肉呢。

不花钱的补丁

这天,道光皇帝穿的套裤坏了,膝盖上破了一个大口子,他为了省钱,就叫人在上面打了一个圆圆的大补丁。大臣们看到了,都跟着他学,裤子破了也都打补丁。

有一天,军机大臣曹振镛去见皇帝,道光皇帝见他裤子上也打了一个圆补丁,就说:"爱卿,你的裤子也打补丁啊?"

曹振镛回答说:"做一条裤子要花不少钱呢!打补丁划算!"

道光皇帝点点头,说:"爱卿能够知道节俭,我很欣慰呀!"说完,道光皇帝又顺口问了一句:"你打一个补丁要多少钱呀?"

曹振镛想了想,回答说:"三两银子。"

道光皇帝一听,连奏章都不批了,拍着桌子大骂:"我在宫里打个补丁就要五两银子!"

道光皇帝气得不行,把内务府大臣叫来骂了一顿。从那以后,要是皇帝的裤子再破了,就让后宫里的嫔妃们补,一分钱也不用花,道光皇帝这才高兴了。

名人有约

身份：钦差大臣

大：大嘴记者　林：林则徐

大：这一期我们邀请到的嘉宾是著名的爱国英雄——林则徐！欢迎您！
（伸手想同嘉宾握手）

林（**上前，鞠躬**）：握手是西洋人的礼节，我大清的礼仪是鞠躬作揖。

大（**尴尬地缩回手，同样鞠躬**）：那好，您请坐！

林：谢坐。

大：林则徐先生，您在虎门销烟的事情全世界都知道了，请问您销毁那些鸦片时，心里是怎么想的？

林：我想，这下你们洋人没办法祸害我们中国人了！

大：当时洋商的鸦片，是怎么交到您手里的？

林：洋人头子把鸦片都点清之后，才把所有的鸦片连同一张字据一起给了我。

大：一张字据？什么字据？

林（**怒**）：什么字据！就是写着洋人给了我们多少鸦片的字据！

大：您别那么大的火气，不就一张字据吗？上面写什么了？

林（**瞪眼，拍桌子**）：写什么了！上面写着，他代替他们的伊丽莎白女王，将多少多少鸦片交给了我们，还写明了运费多少，合计多少银子，

名人有约

还叫我签字!

大:那您签了吗?

林:签了!他说怕他们女王误会他们私吞了卖鸦片的钱!必须让我在字据上签个字!我想在咱们大清国,臣下丢了国家的东西,肯定也得受处分,所以我一时心软,就签了。

大:您很会替人考虑呀!可是刚才您为什么那么气愤呢?

林(大怒):怎么会不气愤!洋人给我挖了一个坑儿呀!他们后来拿着那个字据去问皇上要钱!皇上不给,洋人就开着战舰来打我们!说是来讨债的!

大:道光皇帝抠门儿是出了名的嘛!后来呢,钱还是给了,对吧?

林:给了呀!《南京条约》不是签了吗?老夫毁了那么多鸦片,最后洋鬼子还是把钱要走了!

大:这么说,您当时毁掉的鸦片,就相当于英国人卖给清政府的,是这个理儿吧?

林(义愤填膺):可不是吗?他们要老夫写的字据,居然是为了讨债用的!狡猾的洋鬼子!

大:我看了中英《南京条约》的内容,不是说皇上很抠门吗?怎么舍得拿出2100万两银圆给英国人呢?

林:舍不得有什么办法?洋鬼子打过来的时候,皇上要省钱,舍不得买武器,舍不得给将士们发军饷,大家吃不饱穿不暖,打了败仗!洋人打到天津后,把皇上逼急了没办法,才给军队发钱!

大:那倒是,不给钱,英国人没准儿就攻进京城,大清就要亡国了!

林(怒):无知小儿!居然诅咒我大清王朝!这个采访我不接受了!

(林则徐甩甩衣袖,气鼓鼓地走掉了!)

广告铺

洋行招工

本洋行新开张，主要经营钟表等洋货，兼售鸦片。现在紧急招聘以下工人。

1. 零工1名。
2. 扫地仆人1名。

（以上两职位限女性）

3. 杂役2名。
4. 厨师1名。

（以上两职位限男性）

有意者请到广州华林寺旁"咕噜洋行"面试。

洋行老板查理

转送京巴狗

我是道光皇帝的一位嫔妃，前几天，我家人送来一条京巴狗，三个月大，纯白色，非常可爱。由于皇帝陛下禁止在宫里养狗，而且宫里盛行节俭，人都吃不饱，更别说狗了。所以我想将它转送给宫外的人家。小京巴不挑食，如果谁愿意领养它，请同宫门的侍卫联系，我可以托太监把狗狗送出去！

顺嫔矢其氏

诏令

因顺嫔随意在宫中养狗，浪费宫里的粮食，违反了《御制声色货利谕》。按大清律法，本应把顺嫔打入冷宫。但考虑到她的女红很不错，并且给朕打补丁的手艺也好，所以特别赦免，只削顺嫔"嫔"的位分，降为顺常在。请众妃嫔、众大臣吸取顺常在的教训，不要重蹈覆辙！

道光皇帝

第 9 期

〖公元 1850 年—公元 1861 年〗

太平天国起义和第二次鸦片战争

穿越必读 ▶

咸丰皇帝在位时，洪秀全领导了太平军起义，攻占南京，建立了"太平天国"。由于太平天国的领导者贪图享乐，生活腐化，败坏朝纲，起义最后以失败告终。

同一时期，西方侵略者发动了第二次鸦片战争，英国和法国组成联军，攻入京城，火烧圆明园，清政府被迫签订了屈辱的《天津条约》和《北京条约》。

多亏有个"好"老师
——来自京师的加密快报

公元1850年，道光皇帝病死了，四皇子奕詝继承皇位，史称清文宗咸丰皇帝。

当初道光皇帝在选择继承人时，一直在"贤德"的四阿哥和钟爱的六阿哥之间犹豫不决，恨不得让两个儿子都当皇帝——当然这是不可能的。那他为什么最后下定决心，选择了四阿哥呢？这多亏了四阿哥有个叫杜受田的"好"老师。

有一年初春，道光皇帝叫皇子们去南苑打猎，好试试他们的武艺。杜受田知道武艺是四阿哥的弱项，就叮嘱他说："到了猎场，你一枪一箭也不要发，坐在那里看就好了。皇上问你，你就说现在是鸟兽孕育繁衍的季节，你不忍心伤害它们。"

果然，道光皇帝听了四阿哥的回答后，连连夸奖说："这才是君主的度量。"

道光皇帝临死之前，想把两个皇子召来再考察一下。六阿哥的老师叮嘱六阿哥说："皇上要是问你治国安邦的计策，你一定要知无不言，言无不尽。"

杜受田却对四阿哥说："你的口才和能力都比不上六阿哥，只管跪在地上哭好了。"

结果，道光皇帝见六阿哥只顾着表现，对自己的病情不闻不问，而四阿哥哭得连话都说不出来了，想：唉，还是老四孝顺。于是，就把皇位传给了四阿哥。

洪秀全造反了

公元1851年的一天，在广西金田村，有个叫洪秀全的教书先生过生日，上万人浩浩荡荡地赶去给他祝寿，嘴里还大喊："恭祝万寿！"

这"万寿"不是皇帝生日的时候才能喊的吗？难道这些人要造反不成？为了弄清这件事情，记者混入祝寿的人群，采访了金田村的村民。

据村民们说，洪秀全很早就想造反了！他办了一个"拜上帝教"，到处劝人入教。

当记者问村民们入了教能有什么好处时，有人马上引用了洪秀全的话："现在政治腐败，人心叵测，将有一场大灾难来临，只要加入了拜上帝教，就可以幸免于难。而且，凡是拜上帝教的教徒，不管男女，一律平等。男的是兄弟，女的是姐妹。"

还有个村民大声喊道："好处就是能一起造反！"

不过，记者怀疑洪秀全能不能带领他们打败清军，很为他们的命运担心。村民们很有信心地向记者透露："洪天王能打败清军！1850年11月，洪秀全就指挥大伙儿打败过清军！"

不过可笑的是，皇帝从不知道清军被打败过。因为皇帝身边的人从来是报喜不报忧，败仗也会说成胜仗。

记者离开金田村时，洪秀全正站在一个土台子上大声宣布，要建立"太平天国"。根据观察，跟随洪秀全造反的教徒有两三万之多。

天下无湘不成军

太平天国建立后，起义军一路攻城略地，队伍从两万人扩展到几十万人。公元1853年，太平军攻下南京，将南京改名天京，作为都城。接着，太平军又进行了北伐和西征，势力发展到全国18个省，几乎占领了中国的半壁江山，这引起了朝廷的巨大恐慌。

可是，清朝的正规军不堪一击，根本抵抗不了太平军，朝廷只好把希望寄托在地方军上。一支由湖南人组成的军队发展起来了。

公元1853年，湖南的读书人曾国藩建立了湘军。有趣的是，湘军的大部分将领，都跟曾国藩一样是读书人，很多还是他的同学、学生、亲友，士兵则是当地的农民。曾国藩在挑选士兵时，专挑那些"头脑简单，四肢发达"的人，因为这样的士兵好训练，也好管理。

公元1854年，一万多名湘军在湘潭会集，向太平军发动进攻。不过刚开始，湘军打得很不顺利，接连吃败仗。曾国藩又气又急，有两次急过了头，竟然跑到江边去自杀，还好他没死成。

后来，曾国藩重新整顿军队，又在战斗中不断吸取经验，终于开始打胜仗了。太平军招架不住，被迫撤出湖南。曾国藩领着湘军出省作战，越打越勇，越打越猛，先后收复了许多被太平军占领的城市，成为镇压太平军的主要力量。

湘军军纪严明，作战勇猛，名声传遍中国，民间甚至有了"天下无湘不成军"的说法。

给翼王石达开的一封回信

编辑们：

你们好！

我是太平天国的一位将领，多年来一直跟着洪天王打江山。但最近我觉得自己跟错了人。前段时间，东王杨秀清逼天王封他做"万岁"，要和天王平起平坐。天王很不高兴，令我和北王韦昌辉去杀了东王一家。

我不想滥杀无辜，便赶过去阻止。可我刚到天京，北王就已经把杨秀清一家杀光了，还说我偏袒东王，想加害于我。我虽然逃出来了，家人却都遇难了。起义还未成功，天王就叫我们兄弟互相残杀，是不是太不仁义了？

石某

石某：

你好！

据我们所知，太平天国有五大王，分别是东王杨秀清，西王萧朝贵，南王冯云山，北王韦昌辉，以及翼王石达开。如果没猜错的话，你就是石达开，对吧？

你现在这么苦恼，主要是因为杨秀清死了，洪秀全让你代理朝政，却派他的两个哥哥来监视你。不过，洪秀全确实目光短浅，起义军刚刚定都天京，他就开始贪图享受，简直就是李自成的翻版。

你是一个英雄，何必陪他一起送命呢？还是早点儿另起炉灶去吧！

（第二年，石达开带着自己的队伍，脱离了洪秀全的指挥。公元1864年，在清政府和洋人的联合攻击下，太平天国起义失败。）

第二次鸦片战争爆发

第一次鸦片战争后,西方侵略者尝到了甜头,妄图通过修改之前签订的条约,获得更大的利益,但被清政府拒绝了。侵略者贼心不死,又开始谋划第二次鸦片战争。

公元1856年10月,广东水师下令,逮捕了"亚罗"号上的海盗和几名水手。"亚罗"号是一艘中国船,这本来是中国的家务事,与英国人一点儿关系也没有。为了挑起战争,英国人写信给两广总督叶名琛,硬说"亚罗"号是英国的船,还捏造事实,说广东水师的士兵曾经侮辱过英国国旗,要求中国送还被捕的人,并赔礼道歉。

清政府答应放人,但是坚决不赔礼道歉。英军找到了借口,开始攻打广州,并烧毁了无数家洋行和民宅。后来因为兵力不足,暂时撤退。

公元1857年3月,英国和法国联合起来,一起侵略中国。那法国侵略中国找的又是什么借口呢?原来,前些年,法国天主教神甫马赖潜入广西西林县,勾结当地官府和土豪,欺压百姓,无恶不作,引起了极大的民愤。

公元1856年2月，新上任的西林县县令张鸣凤接到对马赖的控告后，立即进行调查，发现情况属实，就把马赖和他的同党全都抓起来，并将他们处死了。这就是"马神甫事件"，也是法军侵略中国的导火索。

公元1857年12月，英法联军攻陷广州。

公元1858年，英法联军在美国、俄国的支持下，进攻天津。清政府被迫签订了又一个丧权辱国条约——《天津条约》。

公元1860年8月，英法联军进占天津，并攻向北京。10月，侵略者占领北京，清政府不得不赶紧派大臣奕䜣（xīn）和英法议和，并与两国分别签订了《北京条约》。11月，清政府被迫和俄国也签订了《北京条约》。

这一系列的战争，被称为"第二次鸦片战争"。战争过后，中国割让了大片土地，赔偿了巨额赔款，进一步沦为半殖民地半封建社会国家。

清政府到底有没有签《瑷珲条约》

趁着第二次鸦片战争爆发,一直对中国领土虎视眈眈的沙俄,又跟中国谈起了"黑龙江问题"。最后俄国以武力作威胁,强迫黑龙江将军奕山签订了《瑷珲条约》。

公元1858年,奕山回到京城,战战兢兢地把《瑷珲条约》递上朝廷。参加早朝的文武百官,都伸长了脖子,等着咸丰皇帝把条约念出来。

咸丰皇帝皱着眉头,"啪"的一声,就把《瑷珲条约》扔到了地上。接着,奕山"扑通"一声跪下来,全身发抖,不住地磕头。

"这是怎么回事?"一位辅政大臣见了,大着胆子把《瑷珲条约》捡起来,打开一看,当场就晕了过去。咸丰皇帝大声叫着:"来人呀!快叫御医!"

辅政大臣被太监手忙脚乱地抬出大殿,他手里的条约再一次掉到了地上。

"俄国人要我们60多万平方公里的地,你还真舍得给!"咸丰皇帝冲奕山气急败坏地叫道,"我没给你权利去签合约!我们大清朝不承认这份合约!"

很多人说,咸丰皇帝是担心把地割光了,自己以后没得饭吃。所以说,清政府并没有承认《瑷珲条约》。

"万园之园"被烧的全过程

第二次鸦片战争中,英法联军攻进北京后,在城里烧杀抢掠,无恶不作。咸丰皇帝吓坏了,赶紧带着后宫嫔妃和戏班子,逃到了承德避暑山庄。

英法联军看见中国的皇帝都逃跑了,更加嚣张。他们占领了多处皇家园林,见到稀罕的宝贝,就拼命地往口袋里面装,最后装不下了,就一通乱打乱砸,搞得皇家园林一片狼藉。

圆明园是乾隆皇帝在位时修建的,有"万园之园"的美誉,里面藏着数不尽的珍宝,举世闻名。可经过洋鬼子的一番掠夺后,圆明园几乎变成了废墟。

有个叫额尔金的英国军官,看到被抢劫过后的圆明园乱糟糟的,担心别人会说英国人太野蛮,就想了一个恶毒的主意:"点火烧了圆明园,销尸灭迹!"

额尔金把自己的想法告诉了英国首相帕麦斯顿,帕麦斯顿马上表示同意。于是,英国人点起火把,熊熊大火立刻燃烧起来。

连续三天三夜,京城的老百姓看着圆明园的方向火光冲天,浓烟滚滚,都忍不住流下泪来。他们想去灭火,可是洋人拿着枪警戒着,不准他们靠近。

圆明园似乎在火光中凄厉地哭喊:"咸丰皇帝!你不是最喜欢在这里开宴会吗?现在怎么不来救我呀!"可那时候,咸丰皇帝正在承德避暑山庄和嫔妃们玩游戏呢!

到底哪种钱才能花

现在市场上的货币品种越来越多：道光皇帝生前发行的"道光元宝"在流通；咸丰皇帝发行的"咸丰通宝"也在流通；英国人、法国人来了，带来了英镑、法郎；现在，朝廷又铸造了一种叫"咸丰重宝"的钱币出来。

衙门张贴告示，叫老百姓把钱带到衙门去，全部兑成政府最新发行的货币。好吧！货币终于要统一了，这是好事。

可是人们发现，换回来的最新货币，还没有以前的货币值钱！于是，很多人不愿意换，继续使用原来的"道光元宝"和"咸丰通宝"。

老百姓不配合，清政府统一货币的计划就不能实现，这让清政府很苦恼。

恰好这时，太平天国在南京定都了。清政府要打太平军，要花钱，可是国库空虚，怎么办？只好从老百姓身上拔毛！

政府千方百计地用铜、铁等便宜的金属，造成看上去很值钱的货币，去骗老百姓手里的真金白银。刚开始，有些老百姓的确上当了，可是渐渐地，老百姓们发现不对劲，就不再买账。

这边，一场百姓与政府的拉锯战轰轰烈烈开始了！那边，太平天国也忙着制造自己的货币。

市场上的货币花花绿绿，到底哪种钱才值钱？哪种钱才能花？老百姓心里还真没谱儿！

清朝出了个"四无皇帝"

老百姓每次提到咸丰皇帝,就气不打一处来。他们管咸丰皇帝叫"四无皇帝"。哪四无呢?就是"无远见、无胆识、无才能、无作为"。

为什么这么说呢?原来咸丰皇帝认为,做皇帝就是要享乐的,所以他每天和妃子混在一起听戏、下棋,对国家大事一点儿都不关心。国库里的钱刚刚赔了一大堆给洋人,他还顿顿惦记着山珍海味;赏给妃子们的东西也极其名贵,就连宫女、太监,也能得到不少赏银。

有的大臣看不下去,上奏折说:"皇上,国库里没钱了,你不能再这么奢侈啦!"

咸丰皇帝听了很不高兴:"你烦不烦呀!我是皇帝,不吃喝享乐,难道像我皇阿玛那样饿出病来,最后死掉吗?"

大臣们不死心,又说:"皇上,你怎么不管管正事儿啊!这英法联军打进来了,太平军也起义了!"

咸丰皇帝打了个呵欠,慢吞吞地说:"朕要去木兰围场打猎了,这些小事,你们就让我弟弟恭亲王去处理吧!"

唉,堂堂大清出了这么个不负责任的"四无"皇帝,简直是奇耻大辱啊!

名人有约

身份：太平天国天王

大：大嘴记者　**洪**：洪秀全

大：您好！欢迎来到我们报纸的《名人有约》栏目！我们想知道，您为什么想要造反……哦！不！起义呢？

洪：还不是被逼的！我从小熟读四书五经，整个家族的人都觉得我能考个好功名，光宗耀祖，结果，我一连考了四次！一次都没考中！

大：没考中可以再考啊！也没必要造反吧？
洪：我都快30岁了！还考？胡子头发全都白了！

大：30岁胡子就白了，这也太夸张了吧！再说，人家范进（讽刺小说《儒林外史》中的人物，考科举考了几十年，终于中了个举人，喜不自胜，导致癫狂）中举的时候比您老多了！
洪：他怎么能跟我比？他的终身目标只不过是一个小官，我可是要做天王的人！跟他比，简直是掉我的身价！

大：……
洪（自言自语）：不过，如果那天我没做那个梦的话，说不定我也和他一样呢！

大（发现新闻，两眼冒光）：梦？什么梦？
洪：哎呀！就是一个老头儿在梦里对我说，我是上天派到凡间来降妖除魔的!

大：这是您自己编的吧？

洪（瞪眼睛）：编？怎么编？千真万确！后来我发现了一本宣扬基督教的册子。我想我们应该是一家人，就把耶稣当为我的哥哥啦！

大：既然这样，那请问您读过《圣经》吗？

洪：没有。

大：……

洪：我对基督教有自己的理解。而且我这个教也不叫"基督教"，叫"拜上帝教"。

大：……好吧！您刚才说了，您的使命是解救天下百姓，那么攻占南京之后，您为什么只顾着造宫殿，而不专心抵抗清军和外国军队呢？

洪：我是天王啊！天王没有宫殿怎么行？况且，打仗不是手下人的事情吗？

大：……

洪（恶狠狠）：怎么？你对天王享受一下很有意见？

大：不敢不敢……

（这时，轰隆隆轰隆隆，清军的大炮轰进了天京，大嘴记者不得不赶紧告辞，离开了危险的前线，采访被迫结束。）

广告铺

内务府采购招标

　　内务府的服务对象是大清皇家。皇上和后宫娘娘们吃的、喝的、穿的、玩的，统统由我们负责采购。本月十五日，内务府将举办一场招标会，现在面向社会发布采购招标书，请有意和皇帝做生意的大商家前来参与。门票：纹银百两。

　　现在不是道光年代，现在是咸丰时期！所以不要嫌门票贵，要是能做皇帝家的生意，以后的甜头，那可是说不尽的。

内务府

私塾招生

　　近年来，越来越多的洋人来到大清，很多洋人都不懂我们的语言，想找一个翻译，给的工钱也很高，一个月往往能达到十两银子以上（普通老百姓一家老小吃一个月也只要一两银子）。

　　如果你想学外语，去给洋人当翻译，请来我们私塾。我们私塾的老师常年和洋人打交道，精通各国语言。六个月内，包你学会一门外语，还可以为你推荐工作。学费每月纹银八两，可以提供宿舍和饭食。

洋洋洋私塾

有偿求助

　　我女儿秀秀今年15岁，长得还算漂亮。两个月前，秀秀到南京去看她的外婆，居然被太平军抢到天王宫做妃子了。我只想见女儿一面，能够提供帮助的人请联系我，要多少钱都可以，只要我拿得出来。

赵钱孙李钱庄 赵掌柜

智者第❸关

1. 和珅是怎么死的？
2. 嘉庆年间，打进紫禁城的是哪一个教派的人？
3. 《渊深海阔》是一本什么书？
4. 杨怿会去见嘉庆皇帝的时候，嘉庆皇帝很热，可他明明手里拿着扇子，为什么不扇？
5. 清朝的时候，行刺皇帝被抓住了，会得到什么下场？
6. 嘉庆皇帝一登基就亲政了吗？
7. 清朝的"四无皇帝"是谁？
8. 虎门销烟是由哪一位钦差大臣主持的？
9. 鸦片战争之后，清政府和英国政府签订了什么条约？
10. 鸦片是对人身体有好处的药吗？
11. 清朝的哪位皇帝被称为"抠门皇帝"？
12. 洪秀全是在哪里宣布要建立"太平天国"的？
13. 洪秀全创立了一个什么教？
14. 被称为"万园之园"的皇家园林是哪一座？
15. "万园之园"是被谁烧毁的？
16. 清政府到底有没有签订《瑷珲条约》？

第❿期

〖公元 1861 年—公元 1894 年〗

慈禧太后和洋务运动

穿越必读

辛酉（yǒu）政变后，国家大权落入慈禧太后手中。中国也走上了一条丧权辱国的不归路。

一些有远见的中国人看到了侵略者的坚船利炮，提出"师夷长技以自强"的口号，大兴洋务，创办西式学堂。资本主义在中国的土地上萌芽，整个王朝百废待兴。可是洋务运动并没有触动腐朽的封建制度，所以无法避免失败的命运。

叔嫂联手，带来了一个女人专权的时代
——来自京师的加密快报

公元1861年，为了让唯一的儿子载淳（史称同治皇帝）安安稳稳地做皇帝，咸丰皇帝在临死前，给儿子挑了以肃顺为首的八位顾命大臣，还给了皇后和懿贵妃每人一枚大印，希望他们互相牵制。

载淳登基以后，昔日的皇后住在东宫，人称"东太后"，又叫"慈安太后"。而懿贵妃，也就是同治皇帝的母亲，母凭子贵，住进了西宫，人称"西太后"，又叫"慈禧太后"。

慈禧太后是一位很有政治野心的女人。她以皇帝年幼为理由，想垂帘听政，八位顾命大臣当然不答应。

慈禧太后于是联合恭亲王奕訢发动政变，撤了八位顾命大臣的职务，并将他们全都抓了起来，或斩首或充军（史称辛酉政变），把年号改为"同治"。"同治"，就是太后和皇帝一起治理国家的意思。说是"同治"，其实小皇帝什么也不懂，权力还不是牢牢掌握在两个太后手中。

就这样，一个女人专权的时代开始了！

来自京师的加密快报！

学生也要花钱"买"

公元1861年1月,一个历史上前所未有的国家机构成立了,它就是"总理各国事务衙门"(简称总理衙门,也就是外交部)。这个部门负责管理国家一切对外事务,由恭亲王奕䜣担任首席总理大臣。

为了适应总理衙门的工作需要,1862年7月,在奕䜣的主持下,专门教授外语的京师同文馆(简称同文馆)开始试教。

同文馆聘请了大量外籍教员,培养英文、俄文、法文翻译人员;随着德国和日本对我国的入侵,又开设了德文、东文(日文)馆;后来还增加了天文学和算术班。在美国人丁韪(wěi)良的提议下,同文馆逐渐成了一个八年制学校,课程包括外语、数学、物理、化学、地理、法律、生理、医学等科目。

不过,由于洋人年年入侵,中国老百姓对洋人的文化非常排斥,所以同文馆开办以来,几乎招不到学生。

可是,国家又需要懂得外国文化的人才,至少清政府签订条约时,能

天下风云

"来读书,一月发八两银子!"

听懂洋人想要哪块地,想要多少银子呀。所以一开始,官员们强行从官学里调学生到同文馆去。那些有背景,或是功课好的学生都逃掉了;只有那些没有背景,功课又差的学生,才不得已要去同文馆上学。

为了吸引学生,清政府宣布每个到同文馆上学的学生,每个月可以得到三两银子。学习一两年,成绩好的学生每个月可以得到六两银子。后来,政府还把价格开到了八两、十二两、十五两之多。而当时,清朝的一个翰林学士在中堂尚书(相当于宰相的官)家里教书,每个月也只能得到八两银子。

可见,清政府为了培养同文馆的学生,这次可真是下了血本啦!

"还有这等好事。"

"不管多少我们就是不去!"

忠孝礼义能救国吗

编辑老师：

你好！

最近恭亲王开办同文馆的事，可把我气坏了。你想想，让我们这些科举正途出身的士人，去拜洋人为师，不是有辱斯文吗！再说，中国几千年来，靠的是忠孝礼义治国，学那些没用的科学干什么？

我和一些同僚向恭亲王提出抗议，谁知恭亲王竟跟我说，我要是不服，就在同文馆旁边也开个馆，跟他比一比，看谁教出来的学生能打跑洋人。这不是胡闹吗？

更让人气愤的是，他还让皇帝安排我去总理衙门上班。他这分明是想羞辱我，我绝不会让他的阴谋得逞。在上班的路上，我故意摔了一跤，把脚给扭伤了，请了个病假回家。

最近，连上天也看不惯恭亲王他们的做法了，给民间降下瘟疫。如果恭亲王还不收手，必然会有更大的灾难降临啊！

倭（wō）仁（内阁大学士）

倭大人：

您好！

您说科学没用，是您对科学缺乏了解。如果您懂科学，就知道这场瘟疫的爆发不是恭亲王造成的。

一个国家要富强，忠孝礼义很重要，但科学也同样重要，尤其是在战争时期。您想想，别人拿先进的洋枪洋炮打咱们，一打一个准，咱们不想着好好发展工业，改进武器，只知道讲忠孝礼义，跟坐着等死有什么区别呢？

而且开办京师同文馆，不管是皇上，还是太后，都是大大赞成的。我劝您老就别站出来唱反调了，还是顺应历史的潮流吧。

报社编辑

师夷长技以自强

> 洋人有的，我们也能制造。

当洋人用大炮轰开了清朝的国门后，清政府的一些官员终于见识到了先进科学技术的强大，感受到了大清工业技术的落后，也知道了除了向洋人学习，别无他法。

所以，在慈禧太后的支持下，由恭亲王奕䜣带头提出了"师夷长技以自强"的口号，也就是说要通过学习外国的先进技术，来发展生产，强国自富。

公元1861年，曾国藩在安徽安庆建立军械所，生产子弹、火药、枪炮，还派遣留学生出国学习技术。

公元1865年，曾国藩的学生李鸿章在上海创办第一个大型官办军事工厂——江南制造总局，主要制造枪炮、弹药、水雷等军事用品，同时还制造轮船等。

公元1866年，左宗棠在福州创办了福州船政局，以制造大小战舰为主。

公元1885年，李鸿章开始购买

天下风云

军舰，训练海军，终于于公元1888年建成北洋舰队，中国海军成立。

公元1889年，湖广总督张之洞在湖北建成湖北织布局、汉阳铁厂、汉阳兵工厂等。

大家把这次运动称为自强运动、洋务运动。而以上提倡洋务运动的官员，被称为洋务派。与洋务派相对的是守旧派。守旧派认为，要坚持中国传统的礼仪，反对学习西方的技术。

不过就目前的情况来看，守旧派的那套显然是行不通的。西方侵略者都打到家里来了，你跟他谈礼仪有用吗？所以，慈禧太后决定暂时支持洋务派。

百姓茶馆

张三

唉，昨天慈安太后去世了。这慈安太后不仅对人特别仁慈，自己的德行修养也非常高。据说咸丰皇帝临死前，留给慈安太后一封信，上面说如果慈禧太后做了不合规矩的事，就可以用那封信把她除掉。所以连慈禧太后也要敬畏慈安太后三分。

王麻子

奇怪，慈安太后明明比慈禧太后还小两岁，今年才45岁，怎么突然就病死了呢？我猜，这事儿应该与慈禧太后脱不了关系。

太监小德子

还不是那封信惹的祸！慈禧太后一直想拿到那封信。几个月前，慈安太后生了场病，慈禧太后的太监李莲英就向慈禧太后出了个主意，做了碗"人参臂肉汤"给慈安太后喝。慈安太后以为慈禧割自己手臂上的肉为自己做汤，非常感动，就把那封信烧掉啦！没了信，那个女人还有什么可忌讳的呢？

唉，慈安太后一死，朝廷大权就都掌握在慈禧太后的手里啦！现在没有了她的钳制，慈禧太后不知道会嚣张到什么程度呢！

李四

胜利换来如此条约

公元1883年,法国强迫越南政府签订了《顺化条约》,企图让越南脱离中国,成为法国的"保护国"。同年12月,还向驻守越南的中国军队挑衅,中法战争爆发。

最开始,装备落后的清军因兵力不足、补给困难,被法军打得落花流水。

这时,一位叫冯子材的老将站了出来,不顾自己将近70岁的高龄,带着军队来到了镇南关(今友谊关)。经过仔细察看,冯子材发现离镇南关8里远的关前隘(ài)易守难攻,却是敌人进攻的必经之路,于是连夜修筑了一道长三里、高七尺、宽四尺的土墙,并修建堡垒,布好兵力,积极备战。

1885年3月23日,敌军果然趁着大雾,向镇南关扑了过来。在炮火的掩护下,法军很快攻下了东岭的三座堡垒,并向长墙发起猛攻!

在这形势危急的关头,冯子材领导大家顽强抵抗,并大声疾呼:

天下风云

"如果让法军入了关，我们怎么有脸去面对两广的老百姓？怎么有脸活下去？"并传令各将领："哪个敢退后，不管是兵还是将，统统杀无赦！"

当法军接近长墙的时候，冯子材手持大刀，首先跃出长墙，带着两个儿子冲向法军。清军士气大振，也纷纷跃出长墙，与敌人展开激烈的肉搏战。

打胜仗啦！

最后法军大败，狼狈逃离。冯子材乘胜追击，将敌人通通赶出了中国领土。因为这场战争的失利，法国的茹费理内阁由此倒台。

捷报传来，人们欢欣鼓舞。这时，李鸿章却主张见好就收，去向法国示好，争取法国的支持。

就这样，中国打了胜仗，却以战败国的身份，和法国人签订了《中法新约》，承认越南是法国的保护国，开放云南、广西的中越边境。自此，越南沦为了法国的殖民地，中国的西南门户也向法国敞开。

这真是一个戏剧性的结尾。好不容易打出了中国军队的威风，却成了慈禧太后向法国求和的底牌，那些英勇捐躯的将士们，如果看到了如此条约，不知会不会觉得自己的牺牲太无谓？

可悲的清王朝，你还能将这场丧权辱国的戏演多久？

"中国通"的电报机

有个叫丁韪良的美国人,被清政府聘请到同文馆做总教习(公元1898年被任命为京师大学堂的首任总教习)。

丁韪良非常熟悉中国的情况,被人称为"中国通"。有一天,他弄来一套电报机,想通过这套新奇的设备,使清政府同意他增设物理课。

丁韪良在家里安装好电报机后,就把主管同文馆的官员请到了家里,当着他们的面,做起了收发电报的实验。

没想到,这些官员只是冷眼看了看,一点儿兴趣也没有。

丁韪良赶紧夸赞这台电报机有多么多么好,是中国强大必须要有的东西。

一个清朝官员却满不在乎地说:"中国已经有四千多年的历史了,没有电报机,一样也是泱(yāng)泱大国!"

丁韪良见"诱导"失败,只好从家里找来一些带磁性的玩具鱼和玩具鹅,招待那些官员。这次,几个官员一下就来了兴致,有的拿鱼,有的拿鹅,做着鹅抓鱼的游戏,玩得非常开心。

丁韪良看到这个场景,无可奈何地叹了一口气,说:"唉!这些大人,面对科学,还都像小孩子一样不懂事啊!"

名人有约

身份：恭亲王

大：大嘴记者　**奕**：奕䜣

大：恭亲王您好。先帝真是太不会看人了，要是当年，您皇阿玛把皇位传给您该多好。

奕：唉，那时候不太懂事，也没想过竞争皇位失败，会给自己带来这么大的影响。

大：您文武双全，比您四哥厉害多了。想必您四哥当上皇帝后，多多少少会顾忌您。

奕：没错，先帝（指咸丰皇帝）当政那些年，朝廷根本就没有重用过我。

大：可是，第二次鸦片战争时，您不是被任命为钦差大臣，去和英国、法国、俄国谈判吗？那可是个重要的差事啊！那个《北京条约》不就是您签订的吗？

奕：重要的差事？没错，可也是件苦差事。当时，先帝他们都躲到承德避暑山庄去了，留下我来收拾烂摊子。

大：那件事对您来说，到底是好还是坏呢？

奕：呵呵，那次和谈中，我给洋人留下了不错的印象，对我后来的外交活动很有帮助。

大：（赔了那么多钱和土地，洋人能不喜欢嘛？）那您是从什么时候开始掌管大权的？

奕：先帝驾崩后，我帮两位太后打败了那八个顾命大臣，立下大功，这才被封为摄政王。

大：是这样啊，不知您对洋人有什么看法呢？对太平军有什么看法呢？
奕：我认为，和太平军比起来，洋人只能算"肢体之患"，太平军才是"心腹之患"。洋人来进攻，我们拿钱和土地笼络笼络就行了；太平军造反，那是必须要镇压下去的！

大：所以当内忧外患同时存在时，您主张联合洋人，先镇压太平军？
奕：没错，我曾经极力向两宫太后推荐过曾国藩。

大（汗）：可是现在您看，太平军已经被消灭了，洋人还在咱们国土上猖狂呢。
奕：继续拿钱笼络嘛，和平最重要。

大：……
奕：当然，对洋人咱也不是一味忍让，这不是在兴办洋务运动吗？等我们富强起来了，一定叫那些洋人好看！

大：这话说得好！听说，您有个绰号叫"鬼子六"，这是怎么回事？
奕（不太高兴）：还不是那些守旧派弄出来的。他们见我和洋人走得近，就故意诋毁我。

大（打破砂锅问到底）：那为什么要叫鬼子六，不是鬼子七、鬼子八呢？
奕（阴沉着脸）：你说，我是父亲的第几个儿子？

大：第六个……哦，我知道了。（偷笑）好的，今天的采访就到这里了，感谢您的参与，再见。

广告铺

求职

本人在京师同文馆学习了三年,精通德文。现在想找一份待遇丰厚的工作,请需要汉德翻译的单位通知我。

本人需要长期稳定的工作,非诚勿扰。

通信地址:帽儿胡同9号四合院。

胡京生

照相馆开业

照相机——新鲜的西洋玩意儿!它比最好的画师动作还快!比最好的画师画得还好!

美美照相馆引进了最新式的照相机,只需要喝一口茶的工夫,就可以把你的相貌画出来!照相馆老板是在国外留学多年的留学生,经常和洋人一起拍照,相信他一定能拍出你喜欢的照片!

美美照相馆

重金招聘造船工

洋人用精良的战舰攻打我大清,妄图打垮我们。为了不让洋人的计谋得逞,我们福州船政局费尽千辛万苦,从意大利买来几艘战舰,请民间懂得造船的工匠们前来参观仿造,提高我们的战斗力,打败侵略者!

要求:①爱中国爱大清,我们不招汉奸;

②精通造船知识,经验丰富者优先。

待遇:只要你能造出和洋人一样好,甚至比洋人更好的战舰,要什么待遇,我们都满足你!

我们的口号是:用洋人的技术,打败洋人!

福州船政局

第 11 期

【公元 1894 年—公元 1908 年】

慈禧太后专权下的腐败统治

甲午战争失败，中国又被迫签订了一份屈辱条约——《马关条约》。战火洗劫下的中华大地，生灵涂炭，国将倾覆。

随着西方文化的传入和影响，知识分子中出现了以康有为、梁启超为首的资产阶级改良派，他们积极推动戊戌变法，但变法却被慈禧太后镇压。公元 1900 年，八国联军打进京城，大肆烧杀抢掠，京城满目疮痍。之后，清政府与八国联军签订了《辛丑条约》。

穿越必读

烽火快报

《马关条约》——前所未有的耻辱
——来自日本马关的加密快报

来自日本马关的加密快报！

公元1895年，中日甲午战争终于结束，一个令人心情沉痛的消息从日本马关（今下关）传来。李鸿章代表清政府与日方代表伊藤博文等人，在马关签订了《马关条约》。

《马关条约》的主要内容有：

中国承认朝鲜独立，朝鲜不再是中国的附属国；

中国割让台湾岛以及台湾的附属岛屿、澎湖列岛和辽东半岛给日本；澎湖列岛上的居民必须在两年以内搬出澎湖，不然就必须成为日本人；

日本前来攻打中国所花的军费，由中国支付，共计两亿两白银；

中国开放沙市、重庆、苏州、杭州为通商口岸；

允许日本人在通商口岸建领事馆和工厂；

在中国所有的对外贸易中，要给日本最优惠的待遇。

这个条约不但使中国失去了大片土地、岛屿，还给中国带来了巨大的经济损失。更重要的是，"泱泱大国"居然败给了日本，这实在是前所未有的耻辱！

回顾甲午中日战争的全过程

公元1894年（中国农历的甲午年），日本向中国发起了侵略战争。双方先是在朝鲜的平壤进行了一场大规模的陆战。由于清军统帅叶志超胆小怕事、指挥失误和临阵脱逃，清军逃奔500里，退守鸭绿江；日本一路高歌，占领了整个朝鲜半岛。

同年9月16日，丁汝昌率领北洋舰队护送4000名陆军士兵到鸭绿江边驻防。返航时，在黄海遭遇了日本舰队的阻截。

仇人见面，分外眼红。丁汝昌急忙找来几位舰长一起商量。

"都到这个时候了，你不打他，他肯定会打你！宁可战死，也决不可逃生！""致远号"管带邓世昌表示。

于是，在丁汝昌的命令下，北洋舰队共10艘战舰和8艘附属舰，呈"人"字阵排开，纷纷装上炮弹，向敌人发动攻击。一

绝密档案

时间，水面上百炮齐放，硝烟弥漫，海水沸腾。

战斗中，邓世昌的"致远号"被敌人的鱼雷击中，沉入海中。邓世昌与250多名官兵全部壮烈牺牲。

战争进行了整整5个小时，直到黄昏才结束，中日双方损失都极为惨重。但李鸿章为了保存实力，命令北洋舰队不得再次迎敌。就这样，日本夺取了黄海的制海权。

日本军队得意至极，又接连发动了鸭绿江之战和金旅之战，攻下了号称"东亚第一要塞"的旅顺。清军节节溃败，逃到威海卫。

公元1895年2月，威海卫港口沦陷，北洋舰队全军覆没，丁汝昌拒绝投降，自杀了。

从战争的过程来看，洋务运动虽然改变了清军的装备，却没能改变清军的腐败和软弱，这样怎能不败？

慈禧太后和日本天皇

甲午战争失败后，百姓们纷纷指责慈禧太后，说她挪用了军费，又是修颐和园，又是办寿宴，才使北洋水师没有钱买战舰和新式炮弹，最终导致失败。

慈禧太后听到了这些话后，十分气愤，说："光绪皇帝小的时候，管不了国家大事，我只好垂帘听政。现在好不容易熬到他17岁可以亲政，我才退休。我为大清国奉献了这么多年，修修花园，过过生日，这也有错？"

慈禧太后说得好像受了很大的委屈似的，其实那些去日本留过学的人都知道：日本全国上下以赶超中国为奋斗目标，士气高涨。日本天皇甚至每年都从自己的宫廷经费里拿出30万日元，就是为了养军队。

而清政府自从有了水师，购买了先进的大炮后，被西方国家吹捧，说清朝已经是一个亚洲大国了，就有些飘飘然，渐渐放松了军备意识。1891年以后，甚至连枪炮弹药都停止购买了。

如果他们知道日本天皇为了对付中国，如此"敬业"，不知会有何感想呢？

只持续103天的戊戌变法

18年后，又是一条好汉。

当《马关条约》签订的消息传到京城的时候，全国上千名举人齐聚一堂，正准备参加进士考试。见小小的日本都骑到中国头上来作威作福了，大家一个个激愤难当。

举人康有为和梁启超站出来，号召大家向皇帝上书，请求撕毁条约，并提出拒和、迁都、练兵、变法等主张（史称"公车上书"）。这次上书，轰动了全国，民间也出现了强学会、保国会等各种各样的议政团体和报纸杂志。

公元1898年（中国农历的戊戌年）6月11日，光绪皇帝接受了康有为等人的建议，颁布《明定国是

诏》，发布了数十道改革命令（史称"戊戌变法"），准备变法。

维新派的人一个个热血沸腾，想为变法出一份力。可是以荣禄为首的一些守旧派人士却跑到慈禧太后那里去，哭哭啼啼地说："皇帝要把祖宗的基业都洋化了！"

慈禧太后本来就不甘心让权，便和荣禄密谋，罢了光绪皇帝的皇位。朝中的维新派人士感到形势危急，就让光绪皇帝笼络统率新军的袁世凯。因为袁世凯曾经参加过强学会，倾向维新派。

没想到，袁世凯转过身向荣禄告了密。慈禧太后先下手为强，带人把光绪皇帝抓起来，关到瀛台，然后拍拍旗袍，重出江湖，下令捉拿维新派人士。维新派的谭嗣同、杨锐、刘光第、林旭、杨深秀、康广仁全部被杀害（史称"戊戌六君子"）。只有康有为、梁启超等人，在其他国家友人的帮助下，逃离了中国。

而所有的变法措施，除了京师大学堂（今北京大学）外，全部被废除。至此变法运动宣告失败。

尽管戊戌变法仅仅维持了103天（又称"百日维新"），但它提出了资产阶级君主立宪制，是一次爱国救亡运动，也是一次思想启蒙运动。可以预见，民主主义将成为汹涌的社会思想潮流，极大地改变中国的精神面貌。

百姓茶馆

周书生

戊戌六君子是我心中的英雄好汉，谭嗣同、林旭、杨锐、杨深秀、刘光第以及康广仁，我相信历史一定会记住这些名字的，一定！

张书生

听说，谭嗣同本来是可以逃走的，但是，他希望用自己的鲜血来唤醒国人，说："各国变法，无不从流血而成，今中国未闻有因变法而流血者，此国之所以不昌也。有之，请自嗣同始。"于是英勇就义。

杜书生

谭嗣同还在狱中写了一首诗，其中有两句是："我自横刀向天笑，去留肝胆两昆仑。"从今以后，这两句诗将成为我的座右铭。

王书生

这个变法进行的速度太快了，它把科举突然就废除了，这不是堵了大家的升官之道吗？变法前还是应该仔细想清楚的，不然也不会这么快就失败了。

慈禧太后招安义和团，八国联军打进北京

义和团本来叫义和拳，长期以来以教人武术、强身健体闻名，参加的人也多半是农民、手工业者等普通老百姓。最初他们打着"反清复明"的旗号，处处攻击清朝军队。清朝一直想把义和团镇压下去，但没有成功。

后来，随着洋人入侵，义和团就把矛头对准了洋人。他们的势力迅速壮大，慢慢扩展到了北京、天津一带。为了镇压义和团，同时赶走外国侵略者，慈禧太后转而支持义和团运动。

义和团的口号改为"扶清灭洋"，从此开始到处去烧教会，杀传教士，毁灭一些跟西洋有关的东西，如洋楼、铁路、电灯、钟表、火车等，扬言要把洋人赶出中国。

义和团运动引起了外国势力的恐慌。各国公使纷纷向清政府要求剿灭义和团，但没有得到回应。

公元1900年，各国以"保护使馆"的名义，向中国出兵。一支由日本、美国、奥匈帝国、英国、法国、德国、意大利及俄国八个国家组成的联军，在联军总司令瓦德西的率领下，向北京发动进攻。

慈禧太后不得不扮成农妇，带着光绪皇帝仓皇逃往西安。不久，联军占领了北京，在这里进行了惨无人道的大屠杀。

侵略军火烧庄亲王府，当场烧死1800人。

德国军队接到命令："在战争中，只要是遇到中国人，不管男女老幼，一律格杀勿论！"

法国军队将一群中国人逼进死胡同,用机枪连续扫射15分钟。

日本人抓到中国人后,用各种残酷的手段将人折磨致死,甚至试验用一颗子弹能打死几个人。

……

北京成了恐怖的大坟墓,地上到处都是中国人的尸体,一堆挨着一堆;皇宫和皇家园林里面的珍宝和文物被抢劫一空,洋人接连抢了三天三夜。

清政府不得不再次与侵略者议和,接受了他们的条件,下令绞杀义和团。

公元1901年9月,列强再一次强迫清政府签订了《辛丑条约》,其中规定清政府赔款白银4.5亿两(即当时中国总人口,表示每人赔一两),分39年付清,加上利息共计白银9.8亿两,为清政府一年总收入的12倍;将北京东交民巷划为使馆区,允许各国派兵驻守,中国人不得在其内居住;各国可以派兵驻扎在北京到山海关沿线重要地区等。

八国联军这才撤兵。而这场战争则被称为"八国联军侵华战争"。

珍妃到底是怎么死的

编辑：

你好！

我是大清帝国的皇后（即隆裕皇后），也是西太后的侄女。最近，我听到一些谣言，有人说我在太后跟前告黑状，把皇上最宠爱的珍妃害死了。我可真是冤枉啊！我知道自己长得不好看，皇上也不喜欢我。可是，我也不会干出这种事情啊！

当时的情况是这样的：眼看洋人要打过来了，太后打算带我们去西安避难。可是后宫的人太多，太后只打算带上我，其他嫔妃就去亲戚家躲躲。可珍妃不听话，当场顶撞太后，还说太后偏心，只带自己的侄女。

她还一直缠着太后，说自己生是皇上的人，死是皇上的鬼。太后气坏了，就说愿意死就死吧。珍妃一气之下，就朝一个井边跑去。太后赶紧让太监崔玉贵去拉，结果没拉住，珍妃已经跳下去了。

我真的是冤枉的，所以想请贵报社为我澄清一下。

叶赫那拉·静芬

皇后：

您好！

对于珍妃之死，我们还听到了另一种说法。据说，珍妃仗着皇帝的宠爱，公然卖官赚钱，还穿皇帝的龙袍。太后很生气，就把她打入了冷宫。太后去西安前，把珍妃叫来，说自己与皇上就要走了，如果带上珍妃的话，外面乱糟糟的，怕路上出现什么意外，丢了皇家的脸，所以劝珍妃自杀。

可是珍妃却让太后一个人去西安避难，把皇上留在京城主持大局。太后气坏了，就叫崔玉贵把珍妃丢进井里淹死了。

这两种说法，我们也不知道该信哪一种，不过我们可以确定，一定不是您害死珍妃的，因为大家都知道，您是一位和善的皇后，绝不会做这样的事。

报社编辑

中国人与狗不得入内

最近,上海盛传一句话,说洋人为了侮辱中国人,在租借地修了一个公园,门口竖了个牌子,写着"中国人与狗不得入内"。

一石激起了千层浪,把中国人和狗放在一起说事,也太侮辱人了吧!很快,这件事就传得沸沸扬扬。在全国老百姓的唾骂声中,洋人不得不出面解释。他们说,根本就没有这回事,不过是场误会。

原来,那个公园就是上海的外滩公园,公园门口竖着一块大牌子,上面用英语写着十条游园须知。比如"本公园只对外国人开放""衣冠不整者禁止入内""禁止携犬""园内禁止骑自行车",等等。

后来,有几个中国人来到外滩公园,想进去看看。守门人却说:"这个公园只向外国人开放,中国人不能进去!"

八卦驿站

那几个中国人一听，大声质问："为什么不让中国人进去？"

守门人指着旁边的告示牌说："这是规矩！"

这时候，旁边又来了几个外国人，其中一个还牵着自己家的宠物狗！守门人就对他们说："狗不能带进去！"

中国人一听就火了："好哇！中国人不准进去，狗也不准进去！把我们中国人和狗相提并论了，还写在告示上！"

这事传着传着就成了：外滩公园有个告示牌，上面写着"中国人与狗不得入内！"

对于误传的解释，中国人仍然不服气。虽然告示牌上没有直接写"中国人与狗不得入内"，但是，这也充分表现了洋人对中国人的歧视。因此，大家纷纷握紧拳头，大声喊道："把洋人赶出中国去！"

太过分啦！

中國人与狗不得入内

名人有约

身份：戊戌变法的倡导者

大：大嘴记者　　**康**：康有为

大：康老先生，"公车上书"以后，您就成了名人。您的一举一动都广受关注，不过，您出名之前的经历，却很少有人知道，您能跟我们说说吗？

康：这个，其实也没什么好说的。我生在一个官宦世家，爷爷是道光年间的举人，爸爸做过县官。我从小就学习儒家学说，长大了自然而然就去考功名了。

大：那您学习过西方的文化吗？

康：学习过，我21岁的时候接触到了西方文化，觉得里面有些意思，比如说进化论，还有一些政治观点，很值得借鉴。西方国家这么强大，而我们大清却如此衰弱，我觉得中国所有的读书人都应该向西方国家学习学习。

大：所以您倡导了戊戌变法，听说在变法期间，皇上对您是极其重视。

康：没错，皇上曾经下令，只要是我呈上去的奏折，一定要当天送到他面前，任何人都不能阻拦。唉，只可惜……变法最后还是失败了。我自己也被迫离开家乡，流亡海外，唉！

大：那您认为变法为什么会失败呢？

名人有约

康：唉，主要是我们错估了皇上所有的权力。我们原本以为，只要有皇上支持，就一切都不成问题。可是，实际上朝廷的权力掌握在太后手里，皇上也无能为力啊！

大：唉，如果中国不是君主制就好了。
康（变脸）：你刚才说什么？

大：废除君主制啊！
康（生气了）：如此大逆不道的话，你也敢说！皇上自古以来就是真龙天子……

大：好好好，我不说了。（原来这康有为还是一位坚定的保皇派）听说，您不仅是一位改革家，还是一位了不起的书法家。
康：了不起？哈哈，你太抬举我了。

大：是您太谦虚了，外面盛传，康有为可是当代的书法巨子呢！而且，您在教育方面的成就也不小啊！你的学生梁启超、徐悲鸿个个都是了不得的人物。
康（笑笑）：那是他们自己有本事。好了，我还有点儿事情，要先告辞了。

大：……好的，今天的采访就到此结束了，谢谢您的参与，朋友们下期再见。

广告铺

房屋出售

我祖祖辈辈生活在澎湖列岛上，可自从《马关条约》签订后，澎湖列岛就被日本占有。我们接到通知，两年以内必须搬出去，不然就会变成日本人。

我们全家都不想做日本人，因此现在低价变卖祖宗留下的房产，请有意购买的人前来联系。

澎湖列岛某居民

寻奇花异草

太后老佛爷把大权交给皇帝后，每天都会逛逛御花园，修身养性。现内务府责令各地官衙、良民寻找奇花异草，送进宫里来，以供太后观赏。

如果谁送来的花草是太后从来没有见过的，内务府必定重重有赏。

内务府

招兵买马

近年来，洋人不断入侵我大清国。现在皇帝下令招兵买马，组织新军进行操练，誓与洋人决一死战！请身体强壮，愿意为国家出一份力的有志青壮年积极报名参军！

国家需要你的保护！你的家人需要你的保护！不论籍贯，不论出身，只要你有一颗爱国心和一身真本事，就行动起来吧！

新军招兵处

第 ⑫ 期

〖公元 1908 年—公元 1912 年〗

辛亥革命，革掉了清王朝的命

穿越必读▶

公元1911年，一场大规模的资产阶级民主革命——辛亥革命爆发了，它推翻了清王朝的统治。中国最后一个皇帝退位，长达两千年的君主专制制度就此结束，中国将进入一个全新时期。

大清朝真的快完了吗？
——来自京师的加密快报

公元1908年，光绪皇帝病危，但他却没有儿子继承皇位，慈禧太后就把醇亲王的儿子、年仅3岁的溥（pǔ）仪抢过来，过继给光绪皇帝。

慈禧太后心里打着小算盘：溥仪年幼，不能亲政，只能让醇亲王摄政。而醇亲王性格懦弱，做傀儡是最好不过的了。

不过，慈禧太后没有想到的是，抢回来溥仪没几天，她就跟在光绪皇帝后面去世了。隆裕太后只好站出来收拾破烂摊子，她扶持小皇帝登基，改年号为"宣统"。

举行登基典礼的时候，醇亲王将小溥仪抱上皇帝的宝座。小溥仪往下一看，被两边的跪着的文武大臣吓坏了，蹬着小腿，大声地哭闹起来："我要回家，我要回家……"

醇亲王急得满头是汗，他按住小溥仪，哄他说："别哭，别哭，快完了，快完了……"

大臣们听了心里一惊：这句话可不吉利呀！尤其还在新皇帝的登基典礼上。难道，大清朝真的快完了吗？

来自京师的加密快报！

中国同盟会成立了

这些年，中国就像砧板上的鱼肉，任凭列强宰割。中国人也任凭洋人欺侮、屠杀。而清政府呢？只想着怎么保住自己的统治地位，对人民的苦难视而不见。

人们不再指望这个腐朽的朝廷，一些知识分子开始思考，中国的未来究竟在哪里？最后，他们得出一个结论：中华要复兴，只有一条出路，那就是革命！

公元1905年8月，中国第一个资产阶级革命政党——中国同盟会成立了！同盟会的领导人叫孙中山。他出生于公元1866年，曾经在檀香山（当时属夏威夷王国）、广州、香港接受过十几年的西式教育，西方资本主义带来的成就让他眼界大开。

公元1894年，孙中山向李鸿章上书，请求进行资产阶级政治变法。但那时，洋务运动刚给清政府带来了一些新气象，统治者想要维持现状，所以李鸿章断然拒绝了孙中山的提议。

孙中山只好离开中国，到檀香山去，和一些赞成自己主张的进步华侨、留学生一起，创立了第一个资产阶级革命团体——兴中会。

兴中会的宗旨是："驱除鞑虏（dá lǔ），恢复中华，创立合众政府。"其中的鞑虏，指的就是腐败无能的清朝统治者。而兴中会提出创立合众政府，是由于孙中山在檀香山留学期间，觉得那里的政治体制很优越，想应用到中国来。

他们还起草了《兴中会章程》，斥责清王朝昏庸误国，不识时务，给中华民族带来了沉重的灾难。

公元1895年，孙中山来到广州宣传革命，并打算在重阳节这天发动起义。遗憾的是，起义还没正式发动，就因为泄密而失败。很多重要成员被捕，清政府还悬赏一千两白银捉拿孙中山，孙中山只好逃往海外。在流亡的日子里，孙中山继续宣传革命，并创办兴中会分会。

公元1905年，孙中山领导的兴中会与黄兴领导的华兴会、蔡元培领导的光复会等合并成中国同盟会，由孙中山担任同盟会总理。

同盟会倡导的革命纲领是：民族、民权、民生三大主义，简称"三民主义"。三民主义还可以用四个口号来表述："驱除鞑虏，恢复中华，创立民国，平均地权"。

还好孙中山先生逃跑了。

可恶，是谁泄的密！

革命就是要流血

公元1898年，戊戌变法失败后，不少维新派人士被清政府通缉，不得不逃到海外。其中，有一个叫章炳麟（号太炎）的人逃去了日本。在那里，他见到了梁启超，还认识了孙中山，并和他们成了好朋友。

公元1900年，章太炎回到上海。这时刚好是八国联军侵华时期，时局非常混乱。上海的一些爱国人士认为，这是拯救中国的重要时机，于是在一个花园秘密召开了"中国议会"。

在会议上，唐才常等人提出起兵拥戴光绪皇帝亲政。章太炎非常生气，大声指责唐才常，说他不应该一面排斥清朝政府，一面却拥护清朝皇帝。

为了表示自己反清的决心，会后，他剪掉了自己的辫子，脱下清朝的服装，换上了西服。

公元1903年，章太炎发表了一篇名为《驳康有为论革命书》的文章，狠狠地批驳了康有为的"中国不能进行民主革命，只能依靠皇帝来改革"的观点。

当时，有一个叫邹容的青年写了一本叫《革命军》的书，拿给章太炎看。这本书歌颂革命事业的伟大，主张坚决推翻清政府这个"洋人朝廷"。章太炎看了非常喜欢，还主动为这本书写了序。

《驳康有为论革命书》和《革命军》同时在上海的《苏报》上发表，引起了巨大反响。清政府恼羞成怒，以"劝动天下人造反""大逆不道"的罪名下令逮捕相关人员。这就是轰动一时的"苏报案"。

章太炎毫不畏惧，说："革命就是要流血，怕什么，如今清政府捉我已经是第七次了！"

章太炎被捕后，邹容不忍心看他一个人受苦，第二天主动投案。他们分别被判处了3年和2年的监禁。公元1905年，邹容在监狱中被折磨死了，章太炎悲痛得连话都说不出来。

公元1906年，章太炎刑满释放，东京的同盟会特地派人来接他。当天晚上，章太炎就乘船前往日本。不久，他参加了同盟会，成为同盟会机关报《民报》的主编。《民报》被日本政府查禁后，他专心研究学术。直到1911年，他才回国担任孙中山的枢密顾问。

绝密档案

秋风秋雨愁煞人

拯救中国，男女平等！

革命不仅仅是男人的事，女人也一样可以参加革命。近年来，最著名的女革命者就是秋瑾。同时，她也是同盟会的第一位女会员。

秋瑾是浙江绍兴人。很小的时候，她就跟着兄弟一起读书，还学会了骑马、击剑，常常自比女将花木兰、秦良玉。

公元1896年，在父母的操办下，秋瑾与湖南一位富翁的儿子王廷钧结了婚。王廷钧虽然读过书，但胸无大志。婆家也是一个思想守旧的家庭，对秋瑾要求十分严苛，因此，秋瑾的婚姻并不幸福。

公元1900年，王廷钧花钱在北京买了个小官，秋瑾跟着他一起来到北京。看到满目疮痍的中华大地和各种各样的新事物、新思想，秋瑾决心行动起来，拯救中国。

公元1904年，她不顾家人的反对，去日本东京求学。她一边学习日文，一边参加各种留学生大会，并到处演讲，进行革命活动。

她经常女扮男装，随身带一把刀，还把自己的名字秋闺瑾改为秋瑾，字竞雄，意思是要与男人争做英雄。她还创办了《白话报》，用"鉴湖女侠秋瑾"的名字，发表了不少文章，宣扬革命救国与男女平等的道理。时间一长，她就成了日本留学界的知名人士。

公元1905年，秋瑾加入同盟会。可是不久，清政府勾结日本政府，禁止留学生在日本进行革命活动，这引起了留学生的强烈不满。秋瑾气愤地回到祖国，在上海主持创办了《中国女报》。这是中国第一份专门为女性创办的报纸。

后来，秋瑾回到家乡绍兴，受革命党人徐锡麟的委托，担任大通学堂的校长，负责领导浙江的革命工作，准备发动起义。

不料，起义的计划不小心泄露，徐锡麟壮烈牺牲。大家劝秋瑾暂时避避风头，但她宁死不走，决心以死唤醒民众。

公元1907年7月15日，秋瑾英勇就义，年仅32岁。临死前，秋瑾写下了"秋风秋雨愁煞人"七个大字，用来表达对国家命运的担忧。

辛亥革命革掉了清王朝的命

自从公元1905年,同盟会成立之后,孙中山发动了多次武装起义,可惜每次都以失败告终。但他没有气馁,他召集了同盟会骨干黄兴等人,策划在广州发动起义。

公元1911年4月,黄兴等人按照计划,在广州发动起义。黄兴带领120多名敢死队员,向总督署发动猛烈进攻。他们先是放火烧掉了总督署,接着,与清军展开了激烈的战斗。

战斗中,黄兴被打断了两根手指,革命军死伤惨重,起义再次失败。之后,人们找到了72具烈士的遗体,把他们葬在广州郊外的红花岗,并把红花岗改名为黄花岗(史称黄花岗起义)。

公元1911年5月,在帝国主义列强施压下,清政府下令将川汉、粤汉铁路修筑权收归国有,并转卖给英国、法国、德国、美国四国。这引起了湖北、湖南、广东、四川等省人民的强烈不满:这两条铁路的股东是商人、地主,还有农民,政府凭什么收走?居然还卖给洋人?轰轰烈烈的保路运动就此开始了。

其中声势最浩大的是四川保路运动。公元1911年9月,四川总督逮捕了一些保路同志会代表,枪杀了几百名请愿的群众,并

下令解散保路同志会。四川人民被彻底激怒了，同盟会趁机领导四川人民独立，脱离清朝的统治。

就在清政府忙着应付保路运动时，以文学社和共进会为主的革命党人发动了武昌起义，并取得了胜利。武昌起义大大鼓舞了革命者的热情。紧接着，革命战争在中国大地遍地开花（这场革命发生在辛亥年，因此被称为辛亥革命）。到公元1911年11月底，已经有14个省宣告独立。清政府在中国的统治濒临崩溃。

公元1911年12月25日，孙中山从海外归来，几天后，孙中山当选中华民国临时大总统。

公元1912年1月1日，孙中山到南京就职，发布了《临时大总统宣言书》《告全国同胞书》等文件，中华民国临时政府宣告成立。

百姓茶馆

李老汉：中华民国临时大总统就相当于皇帝吧?见到他,我们是不是得三跪九叩?

某说书先生：大总统怎么会是皇帝呢?民国,就是民主的国家嘛。听说前几天,有位老哥慕名求见大总统,见了面就要三跪九叩。大总统马上把他扶起来,说:"总统是人民的公仆,是为全国人民服务的。"

报童小米：那我倒想知道,总统要是离职后会怎样呢?

某说书先生：哈哈,那位老哥当时也是这么问的。你们猜总统怎么回答?他说:"总统离职后,就又回到人民的队伍里去了!"

给袁世凯的一封回信

编辑老师：

你们好！不知道为什么，我总觉得自己有当皇帝的命。

当初光绪皇帝叫我帮他对付老佛爷（指慈禧太后）。其实，谁不知道，真正的权力还掌握在老佛爷手里，傻子才会帮他这个傀儡呢。所以，我转身就向老佛爷告了密，老佛爷马上就把光绪皇帝软禁了。通过这件事，我明白皇帝其实是很容易被收拾的！

现在光绪皇帝死了，老佛爷也死了，冒了个孙中山出来，建了个中华民国。只可惜，皇帝还没退位呢，好些地方都不听他的。结果他扛不住了，找我商量，只要我逼迫清帝退位，他就把大总统的位置让给我。这是否意味着，离我当皇帝的日子不远了呢？

我已经等不及了，这就去皇宫找隆裕太后。

袁世凯（清朝内阁总理大臣）

袁世凯：

你好！

看了你的来信，我们编辑部所有人都义愤填膺。我们想送你一句话："多行不义必自毙！"你背信弃义，卖主求荣，不但不感到羞愧，竟然还想篡夺革命果实，重新把中国老百姓带到水深火热的封建社会里去！

告诉你，封建时代已经结束了，任何违背历史潮流的举动都是自取灭亡！不信你就等着瞧！

（公元1912年2月12日，在袁世凯等人的劝说下，隆裕太后代替宣统皇帝溥仪发布了《退位诏书》。经历了将近300年的大清朝，自此终于走到了历史尽头。）

八卦驿站

一句诅咒让清朝灭亡

当隆裕太后签订了清帝的《退位诏书》后,马上有人站出来说:"这是叶赫那拉氏的诅咒应验了!"这是怎么回事呢?

原来,民间流传着这样的说法,远在努尔哈赤时期,女真分为四大部落和许多小部落。其中叶赫那拉部是当时女真最大的部落,部落中有个女子叫东哥,人称"女真第一美女"。

努尔哈赤崛起后,叶赫部的首领纳林布禄觉得受到了威胁,就联合其他八个女真部落攻打努尔哈赤,结果大败。纳林布禄的兄长(也就是东哥的父亲)布塞不幸战死。

战后,努尔哈赤将布塞的尸体割下一半,送还给纳林布禄。纳林布禄受到惊吓,不久也去世了。

布塞的儿子布扬古继位后,为了议和,提出把妹妹东哥嫁给努尔哈赤。努尔哈赤心花怒放,马上就收了兵,下了聘礼。

然而,平时温柔善良的东哥这次却一反常态,坚决不嫁努尔哈赤,还说:"努尔哈赤是我的杀父仇人!我死也不会嫁给他!谁要是杀了努尔哈赤,我就嫁给谁为妻!"

当众多部落为了东哥向努尔哈赤发起进攻,并最终灭亡时,东哥的婚事也一拖再拖,直到33岁,才同意嫁去蒙古。

听到东哥出嫁的消息,努尔哈赤十分气

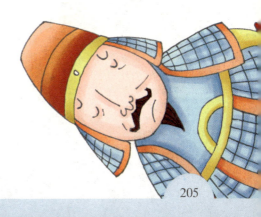

八卦驿站

愤,想出兵攻打叶赫部,半路抢新娘。然而这时明朝担心努尔哈赤势力太大,已经与叶赫部结盟,并派兵保护东哥。

出于对明朝的顾忌,努尔哈赤没有出兵,不过诅咒道:"不管这个女人许给什么人,她的寿命都不会长久,她挑起了这么多战争,死期将至!"果然一年后,东哥病死在蒙古荒原。

公元1618年,努尔哈赤率军攻破叶赫城。布扬古拒不投降,死前对天发誓:"我叶赫那拉就算只剩下最后一个女人,也要灭掉你爱新觉罗!"

不可思议的是,清朝果真还是亡在了叶赫那拉氏的手上。慈禧太后是叶赫那拉氏,而隆裕太后,也就是慈禧的侄女,叫叶赫那拉·静芬,就是她亲手签订了《退位诏书》,亡了大清朝。

难怪有人会说是叶赫那拉氏的诅咒应验了呢!

叶赫那拉氏的诅咒灵验啦!

名人有约

身份：中华民国临时大总统

大：大嘴记者　孙：孙中山

大：孙中山先生，您好！

孙：记者好，我得纠正你一下，我不叫孙中山，叫孙文。不过，你叫我孙中山呢，我也不介意。只是在正式签字的时候，我用的都是"孙文"这个名字。

大（尴尬）：啊？这是……怎么回事？

孙：当年，我流亡到日本的时候，曾经化名为"中山樵"，所以也有人叫我中山先生。人们叫着叫着，我就变成孙中山了，哈哈！

大：原来如此。请问您为什么要使用化名呢？

孙：你一定没参加过革命吧。你知道，在清朝灭亡前，革命人士的处境是很危险的，到处都有人通缉你。使用化名是一种自我保护方法。我曾经用过很多化名，如陈文、山月、中原逐鹿士、南洋一学生等。

大：哈哈，真有趣。我知道您出生在一个农民家庭，家里并不是很富裕，那您是怎么去檀香山留学的呢？

孙：这多亏了我的大哥孙眉。很早他就去了檀香山做工，后来，他在茂宜岛上垦荒，办了一个大农场，同时还做些生意，渐渐就成了当地的首富。大哥发家后，就把我和母亲接过去，帮忙管理一下商店。可是我不想经商，只想读书，大哥就把我送到学校念书。

名人有约

大：哇，您大哥对您真好！

孙：是的，我创办兴中会的时候，大哥捐了不少钱。后来的革命中，大哥一直在物质和精神上支持我。有一次，他为了给我筹钱，把农场里的一千多头牲口都卖了。再后来，我大哥把檀香山的产业全卖了，也参加了革命。

大：您大哥真了不起！听说您在干革命前，还做过医生？那后来怎么转行了呢？

孙：行医的目的在于救人，但只能救少数人；革命的目的也在救人，但能救天下所有人。你说，你选哪一个？

大：那我也选革命。我想知道，您是什么时候剪掉辫子的？

孙：第一次广州起义失败后，我逃到日本，就把辫子剪了，改穿西服。

大：据说武昌起义发生的时候，您并不在中国，请问当时您在哪里？在做什么呢？

孙：唉，你知道，革命除了流血牺牲，还要花钱啊！那几年里，我把大部分时间都花在筹备革命经费上了。我跑遍世界各地，希望能从华人、留学生，还有外国政府那里得到一些帮助。

大：结果怎么样呢？

孙：他们提供的帮助也很有限啊！武昌起义发生时，我正在美国丹佛。听说革命成功了，我又惊讶又高兴。这么多年的流血牺牲，总算没有白费。

大：是的。我相信，洋人欺负我们的日子就要结束了，中国会变得强大起来的。谢谢您的参与，再见！

广 告 铺

中华民国人民一律平等

《中华民国临时约法》第2章第5条明确规定:"中华民国人民一律平等。"希望大家能够牢牢记住这一条。从此以后,天下再也没有贵族、平民之分;没有主子、奴才之分,人人享有言论、著作、集会、结社、宗教信仰等自由,人人平等!

中华民国临时参议员

禁军编入民国陆军

从今天起,皇宫里不许留有禁军,所有禁军编入民国陆军。宫里的人请放心,民国会派兵保护皇宫,保护你们的财产和人身安全。

中华民国临时参议员

皇宫不准招太监

皇宫里的宫女、太监,可以继续留在宫中当差。宫里要是人手不够,也可以向宫外招人,但是有一条,不准招太监!

中华民国临时参议员

智者第 4 关

1. 垂帘听政代表什么意思？
2. "师夷长技以自强"是什么意思？
3. 请列举两位洋务运动的代表人物。
4. 在镇南关大败法军的中国老将是谁？
5. 京师同文馆属于哪个部门？
6. 黄海海战是哪两个国家的舰队在打仗？
7. 慈禧太后把北洋水师的军费拿去干什么了？
8. 孙中山在成立兴中会之前，曾向清朝的哪位大官上书，请求变法？
9. 在《马关条约》中，日本要求中国开放哪四个地方为通商口岸？
10. 在《马关条约》中，中国向日本赔了多少两白银？
11. 兴中会的宗旨是什么？
12. 戊戌变法是由哪一位皇帝主持的？结果怎样？
13. 戊戌六君子分别是谁？
14. 义和团最初的口号是什么？后来又改成了什么？
15. 是谁逼着清政府签订了清帝的《退位诏书》？
16. 是谁在清帝《退位诏书》上签了字？
17. 清朝的最后一位皇帝是谁？
18. 清朝是什么时候灭亡的？

智者为王答案

第❶关答案

1.努尔哈赤。

2.皇太极。

3.摄政王。

4.洪承畴。

5.公元1644年。

6.萨尔浒之战。

7.八旗兵制。

8.吴三桂。

9.大顺皇帝李自成。

10.施琅。

11.是的。

12.把额头上的头发全部剃掉,在脑袋后面蓄起头发,编成长辫。

13.嘉定。

14.不能。

15.《明史》案。

16.平西王吴三桂、平南王尚可喜和靖南王耿精忠(祖父耿仲明早亡)。

17.《中俄尼布楚条约》。

18.蒲松龄。

第❷关答案

1.噶尔丹。

2.准噶尔部。

3.三次。

4.伏尔加河流域。

5.康熙皇帝。

6.额尔德尼。

7.田文镜、陈时夏、李卫和鄂尔泰。

8.田文镜。

9.雍正皇帝。

10.废除贱籍。

11.乾隆皇帝。

12.渥巴锡。

13.纪晓岚。

14.和珅。

15.乾隆皇帝。

16.不是,他们是想来和清朝人做生意的。

17.美国。

18.曹雪芹。

智者为王答案

第 3 关答案

1. 被嘉庆皇帝赐死了（或者在天牢自杀）。
2. 天理教。
3. 棋谱。
4. 因为嘉庆皇帝尊重臣子，不想自己一个人扇扇子，而让杨怿曾热着。
5. 株连九族。
6. 没有，乾隆皇帝去世后，嘉庆皇帝才亲政。
7. 咸丰皇帝。
8. 林则徐。
9. 《南京条约》。
10. 不是，它是一种害人的东西。
11. 道光皇帝。
12. 广西金田村。
13. 拜上帝教。
14. 圆明园。
15. 英法联军。
16. 没有，清政府从来都不承认这个条约。

第 4 关答案

1. 指太后或皇后替皇上管理国家大事。
2. 通过学习外国的先进技术，从而达到强大自己的目的。
3. 曾国藩、李鸿章。
4. 冯子材。
5. 总理衙门。
6. 清朝的北洋舰队和日本舰队。
7. 修颐和园。
8. 李鸿章。
9. 沙市、重庆、苏州、杭州。
10. 两亿三千万两。
11. 驱除鞑虏，恢复中华，创立合众政府。
12. 光绪皇帝，结果失败了。
13. 谭嗣同、康广仁、林旭、杨深秀、杨锐、刘光第。
14. "反清复明"，后来改为"扶清灭洋"。
15. 袁世凯。
16. 隆裕太后。
17. 宣统皇帝。
18. 1911 年。